Gonglu Tugong Jiegouwu Kekaoxing Sheji Lilun yu Yingyong

公路土工结构物可靠性设计理论与应用

刘春原　母焕胜　著

人民交通出版社股份有限公司
China Communications Press Co.,Ltd.

内 容 提 要

本书共7章内容，首先应用盲数测度理论对某高速公路全路段的路基力学性能指标参数进行了分析，计算出基于盲数测度理论确定的参数代表值区间；其次，针对路基沉降可靠性的特点，提出了非概率可靠性指标的计算方法；在此基础上，应用基于区间分析可靠度模型对软土路基沉降进行可靠度分析，验证了非概率可靠性模型在路基沉降可靠度分析中的可行性；最后，采用 Mohr-Coulomb 屈服准则，将可靠度理论与有限元强度折减法计算出的中值安全系数进行耦合，分析了土体强度在折减下的塑性应变与位移的变化关系，提出根据塑性应变或位移的突变（陡增）判断土质滑坡稳定性失效的方法。这些内容不仅促进地质情况复杂地区高等级公路土工结构物可靠性设计的学术理论发展，而且有利于指导工程建设实践。

本书内容丰富具体，图文并茂，概念清晰，可靠度理论分析叙述全面，可供土建、水利、交通、铁道等土木建筑工程领域，特别是从事高等级公路土工结构或同类工程设计、施工、科研、管理的工程技术人员及高等院校相关专业师生参考使用。

图书在版编目(CIP)数据

公路土工结构物可靠性设计理论与应用/刘春原，母焕胜著.—北京：人民交通出版社股份有限公司，2015.3

ISBN 978-7-114-11743-5

Ⅰ.①公… Ⅱ.①刘…②母… Ⅲ.①道路工程—路基工程—可靠性设计 Ⅳ.①U416

中国版本图书馆 CIP 数据核字(2014)第 224193 号

书　　名：公路土工结构物可靠性设计理论与应用
著 作 者： 刘春原　母焕胜
责任编辑： 刘永芬
出版发行： 人民交通出版社股份有限公司发行部
地　　址：（100011）北京市朝阳区安定门外外馆斜街3号
网　　址： http://www.ccpress.com.cn
销售电话：（010）59757973
总 经 销： 人民交通出版社股份有限公司发行部
经　　销： 各地新华书店
印　　刷： 北京市密东印刷有限公司
开　　本： 787×1092　1/16
印　　张： 9
字　　数： 207千
版　　次： 2015年3月　第1版
印　　次： 2015年3月　第1次印刷
书　　号： ISBN 978-7-114-11743-5
定　　价： 35.00元

前　　言

当前,河北高速公路建设项目主战场已逐步由平原向山区和沿海地区转移,在施工过程中遇到越来越多的技术难题,如特长隧道、高墩大跨桥梁、滩涂软基处理等,如何准确深入地理解路基土工结构物失稳的成因,科学合理地进行路基土工结构物的结构设计以及准确地预估路基土工结构物变形发展趋势,是目前公路设计、施工与管理部门亟需解决的问题。鉴于人们对高速公路路基结构的高可靠性、高质量要求以及常规可靠性理论解决问题的局限性的困惑,人员开始尝试借助新的工具,建立新的可靠性理论和方法,寻求避开求(P_f)非概率可靠性的方法。因此,研究不确定性的非概率凸集模型的稳健可靠性,将非概率可靠性应用于高等级公路土工结构物的研究,对提高高速公路路基结构的可靠性,为高等级公路工程各部分施工和运营安全性管理提供一定的参考,实现安全性预警,避免和减轻灾害,促进公路的可持续发展,具有良好的应用前景和巨大的经济效益。

本书利用理论分析和数值模拟方法,以实际工程为背景,非概率可靠性理论为基础,数值分析与现场实测相结合,对公路土工结构物的软土路基沉降和路基边坡稳定性进行了系统详细的分析研究。本书结构合理清晰,内容精炼实用,包含作者一些新的思路和认识。

本书的编写人员有刘春原、母焕胜、龚攀、张军其、宋海超、李晓颖。具体编写分工如下:第1章由刘春原撰写;第2章、第3章和第4章由龚攀和刘春原撰写;第5章由李晓颖和母焕胜撰写;第6章由张军其和母焕胜撰写;第7章由刘春原和宋海超撰写。全书由刘春原统稿。

本书的研究成果得到了河北省科学技术厅、河北省交通运输厅和河北省住房与城乡建设厅科技计划项目的资助,在此表示衷心的感谢。

感谢保定市保阜高速公路筹备处、保定市张石高速公路筹建处、石家庄市京昆高速公路石太北线筹建处、唐山唐曹高速公路有限公司、河北省建筑科学研究院、河北省交通规划设计院等单位提供的许多宝贵资料。同时感谢赵献辉博士、范嘉慧对书稿进行修订、编排、整理和校阅的过程中所付出的辛勤劳动。

由于作者水平有限,书中疏漏和不当之处在所难免,敬请读者批评指正。

最后,对参阅文献的作者和相关网站,致以衷心的谢意。

2014年5月于天津

目　　录

第1章 绪 论

1.1 引 言

高速公路的发展始于20世纪30年代,最早是美国和德国在其国内修建,在他们的实践上其他有经济实力的国家也开始发展高速公路,自20世纪50年代以来,各国的高速公路建设均取得了较快的发展。我国从20世纪70年代开始对高速公路进行规划,1988年10月,我国建成了第一条高速公路——沪嘉高速公路。不久之后,沈大、京津唐高速公路相继开始建设,从此,我国的高速公路建设进入了一个全新的时代。到1999年底,一大批高质量高速公路如京沈高速、沪杭高速、济青高速等相继竣工通车,在很短时间内就表现出了巨大的综合效应:在高速公路的沿途地区,一大批工业厂房、矿产企业和高新技术开发区如雨后春笋般涌现,极大地拉动了当地经济的发展。地价增值,地方税收增加,一个个原本落后的地区实现了经济的腾飞。

目前,我国的高速公路网络正在逐步建立。高速公路的铺设不可避免会遇到各种地质条件,其中,很多高速公路就必须在软土路基上修筑。软土路基大多属于湖泊相、河相和海相沉积层,这样的沉积层在地质构造上被划分为第四纪 Q_4上层,通常是由淤泥、淤泥质黏土和淤泥质亚黏土一类的正常压密的黏土构成。这类土含水率大,孔隙比大,强度低,扰动灵敏度高,渗透性差,压缩性大,承载力低,因此在这种地基上修建高速公路,地基将产生很大的沉降和差异沉降,如果不对这类地基进行处理或处理方法不当,就会导致路基沉降时间很长,从而使路基的整体沉降不均匀进而影响路面的平整度,使路面状况变差,汽车无法高速行驶。多年的实践经验告诉我们,如果不解决好软土路基设计问题,在高速公路运营期间,路面容易发生沉陷,也往往导致在桥头处发生"桥头跳车"现象,这将会影响到高速公路的正常使用,严重时还会诱发路基边坡失稳,造成道路损毁,使国家和人民的生命财产蒙受损失。因此,解决路基设计的安全性问题是高速公路建设与施工的关键问题之一。可靠性分析方法作为安全评价的一种重要手段,得到了广泛的应用并取得一定的研究成果。

1.2 不确定性的来源及分析

随着现代社会的发展,人们对产品的质量要求和安全要求越来越高,对产品的可靠度评估正逐渐引起人们的重视。工程结构作为一种特殊的产品,其可靠与否不仅关系重大的经济利益,还与工程结构使用者的生命安全息息相关,所以建立合理的可靠性评估理论对于指导现代工程设计与建设具有重大的现实意义。

人们对于可靠性理论的研究始于20世纪40年代,最早是为了解决电子设备的不确定性问题，而20世纪60年代开始引起广泛关注的结构可靠性问题源自于对结构设计、施工和使用过程中存在的不确定性的认识，以及结构设计风险决策理论中计算结构失效概率的需要。当然，如果设计前能准确了解作用于结构的荷载大小以及结构的抗力表现，则能将结构设计得极为可靠。但是在通常情况下，事件的结果是由多因素共同作用，其中不乏一些偶发因素，而且在每一次事件中哪些因素的影响大，哪些因素的效果弱不是事先能够预测的，这也就导致了在事件出现或发生之前其结果是不可预测的，即所谓的不确定性。

不确定性是指事件出现或发生的结果是不确定的，或在事件出现或发生之前不能预测其结果，需要用不确定性理论和方法进行分析和推断。工程可靠性理论正是为了合理考虑诸多的不确定性，从而对结构的表现行为能有一个较为准确的预判而产生和发展。如果在设计前能够准确预测结构各构件的极限承载能力和作用荷载的大小，则可将结构设计为使用期内不会发生破坏，但这是不现实的。根据不确定性性质和特点的不同，不确定性有多种分类方法。赵国藩等人将结构设计中影响结构可靠性的不确定性分为随机性、模糊性和知识的不完善性。随机性反映了事件发生条件的不充分性对结构可靠性的影响，模糊性反映了结构失效准则的不分明性或中间过渡性对结构可靠性的影响，而知识的不完善性反映了未来信息的不完备对结构可靠性的影响。在这三种不确定性中，对随机性的研究比较充分，已有的概率论、数理统计和随机过程理论为结构可靠度的研究提供了坚实的基础，目前的结构可靠度理论基本是考虑随机不确定性的可靠度理论。模糊性的研究还不完善，目前仍在发展之中。知识的不完善性尚无可行的数学分析方法，工程中一般结合以往的经验进行处理。

目前的结构可靠度理论主要讨论的是随机不确定性下的可靠度，所以进一步分析结构设计中的随机不确定性是非常必要的。与结构可靠度有关的随机不确定性包括以下几个方面。

(1)物理不确定性。在结构设计中，承认存在随机不确定性，就是承认与设计有关的变量存在变异性，如荷载的变异性、材料强度的变异性等。在一定的环境和条件下，这些变量的不确定性是由其内在因素和外在条件共同决定的，称为物理不确定性。在有些情况下，当与制作过程有关时，物理不确定性可通过提高技术水平或质量控制水平来降低，如混凝土的变异性可通过严格配制程序、准确控制拌和料重量、细心拌和等手段而减小，但严格控制过分，基于响应面法的混凝土重力坝可靠度分析会提高构件制作的费用，降低生产效率。所以，降低物理不确定性有时是与一定的经济条件相关的，而有些情况下物理不确定性则不能人为降低，如风荷载、雪荷载等。

(2)统计不确定性。概率论中研究的随机变量的概率分布和统计参数(如平均值、标准差、形状参数、尺度参数等)都是已知、确定的，但在实际中，随机变量的统计参数要根据收集到的样本数据，利用数理统计方法进行估计才能得到。而估计的结果与样本的容量有关，理论上只有当样本的容量为无穷时，估计的参数才是准确、确定的。一般情况下估计一个参数也是一个随机变量，样本容量大时参数估计值的变异性小，样本容量小时变异性大。例如，一般认为混凝土的抗压强度服从正态分布，当采用矩法或其他方法估计抗压强度的平均值时，即使是同一批试件，用不同组试件估计的结果也是不同的。这种由于随机变量样本量的不足而导致统计参数估计值的不确定性称为统计不确定性。降低统计不确定性的手段是增大样本容量或采用合适的估计方法,但由于客观条件的限制,很多情况下并不能得到足够多的数据,甚至有时获得少量样本数据都是困难的。当变量的统计数据不足时,理应将统计不确定性也考虑在结构可靠度分析中,目前有一些这方面的研究,如用贝叶斯法进行分析。但由于问题的复杂性,工程中应用尚有一定困难。

(3)模型不确定性。在结构设计和可靠度分析中,常需要根据一些变量利用已有的公式或模型计算另一变量的值,如根据结构的材料特性和几何尺寸计算结构的承载力,根据结构上的荷载计算结构的反应等,使用的公式可为理论公式,也可能为半经验半理论公式,还可能是完全通过试验得到的经验公式。即使是精确推导的理论公式,计算结果也会与实际值有所差别,因为理论公式是在一定假设条件下得到的,而假设条件一般总与实际情况有差别,对于经验公式更是如此。除此之外,采用各种简化手段进行分析也会产生一定的误差,如将非线性问题简化为线性问题,将动力问题简化为静力问题等。由计算公式不准确或模型简化而产生的不确定性称为模型不确定性,在结构可靠度分析中常用一个附加的随机变量来描述。降低模型不确定性的途径是使计算假定尽量与实际情况相符采用先进的计算手段,但这些都要受到科学技术发展水平和经济条件的限制,如许多问题目前还不能建立更为准确的理论模型,有些情况下精确地分析则需要相当大的费用。

不确定性因素特征按照表现形式分为随机性、模糊性和灰色性。

①随机性事件发生的条件无法控制,因果定律不成立;事件本身的性态和类属是确定的,概念的外延明确,内涵不确定;从信息的观点看,它只涉及信息的量,如结构承受的荷载,材料强度等。

②模糊性事件本身的性态和类属上的不确定性,排中律不成立,概念的内涵确定、外延模糊,如工程结构中耐久与不耐久,结构安全,应力比较大和比较小;从信息观点看,关系到信息的意义。

③灰色性又称事件知识的不完备性,是人类认识上的局限性造成的,一般认为事件或其特性的部分信息已知,部分信息未知。这种不完备性主要包括客观信息的不完善性和人类主观知识的不完备性,客观信息不完善性是由客观条件限制而造成的统计资料信息不足,从而导致判断结论的不确定性,而人类主观知识的不完备性,则是指人类对一些问题认识不充分。

Elishakoff 将其概括为不确定三角形(图 1-1)。它的三个顶点分别为:概率论和随机过程、模糊集合、凸集理论或反优化(Anti-optimization)模型。Elishakoff 综述了与不确定三角对应的三种可能的有限元方法。从理论上讲,以此三种数学模型为基础,可以建立起相应的结构可靠性理论。吕震宙教授用带"重心"的可靠性三角形(图 1-2)形象地概括了结构可靠性理论的基本结构。其中,以概率论和随机过程为基础的结构随机可靠性理论已较为成熟。在结构工程中得到了成功的应用,并成为工程中处理不确定性事件的重要工具和应用最为普遍的方法。本书较为详细地介绍和论述了随机结构的可靠性方法及其研究情况。基于模糊理论的模糊可靠性方法也已有很多研究,并取得了长足的进展。

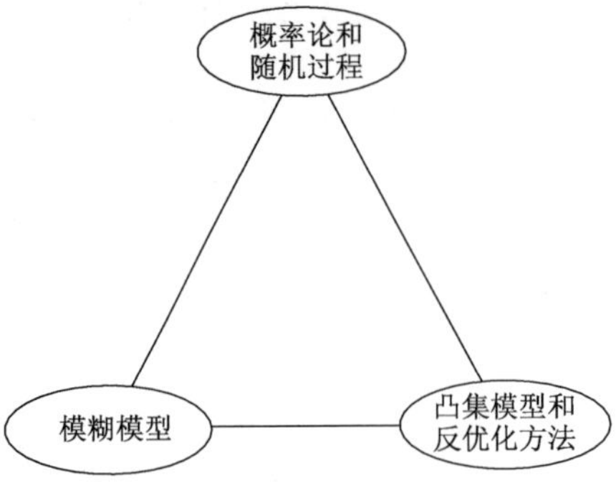

图 1-1　不确定三角形

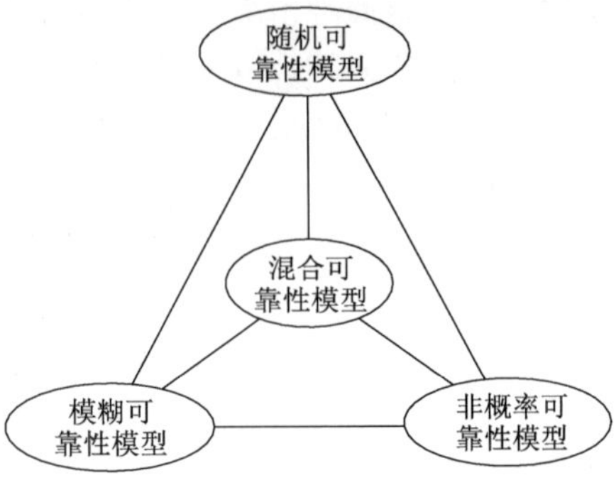

图 1-2　可靠性三角形

1.3　工程不确定性处理的一般方法

1.3.1　模糊数学方法

田艳芳和师义民等认为,在结构的可靠性分析中,数据不足和信息不完整导致构件强度和荷载分布只能根据已有试验数据和经验用模糊理论进行描述,此时的强度和荷载都被看作随机模糊变量。基于随机模糊理论,他们建立了将概率模型的分布参数作为模糊变量时的结构可靠性度量指标计算模型。该模型避开了模糊安全事件的隶属函数不易确定的难题,不但可以解决应力和强度服从任意分布的可靠度问题,而且也为计算多变量模型提供了一种计算可靠度的方法。龚文惠和王元汉等进行的基于模糊理论的膨胀土路基沉降的可靠度分析工作,运用模糊理论建立了膨胀土路基沉降模糊可靠度的数学分析模型,得出相应的计算表达式,但是该方法的缺点是就具体模糊事件而言,模糊可靠度在量值上总是低于传统可靠度。许江和李克刚将模糊理论应用到了公路边坡稳定性的分析中,通过全面考虑影响因素,建立相应的评判因素集及单因素评判矩阵,运用专家评判法和判断矩阵法确定出各因素的权重。最后通过多层次模糊评判得到该边坡的稳定性评判结果。但是在不同区域,甚至是同一区域的不同部位,其影响因素及各因素对边坡稳定性的影响程度是有差异的,该方法不能区分这些差异。

1.3.2　灰色理论方法

灰色理论主要被应用于结构的变形预测和预警机理的研究。陶干强和任凤玉等将灰色理论 Verhulst 模型应用于滑坡预测的研究。研究表明,V 氏模型的应用范围为变加速阶段,及滑坡的失稳破坏阶段,对于短期预报有很强的适应性。应用 V 氏模型进行滑坡预测产生误报的原因在于,测点变形没有充分发育。对于灰色系数的求解,通过累加生成和累减还原的方法建模必然加大模型的误差。蔡君君和王星华开展了基于灰色理论桥梁群桩基础工后沉降预测的工作。在采用灰色理论对蕴藻滨特大桥群桩基础沉降预测中,由实测沉降值按等时距 GM(1,1)模型以及改进的新陈代谢模型拟合的结果来看,前者与实测结果初始阶段吻合较好,但随着时间的推移发散很快,在后期预测中已经不再适用,经分析认为,这主要是因为GM(1,1)模型是以灰色模块为基础,其灰平面呈喇叭形展开,未来时刻越远,预测的灰区间越大。而后者预测的沉降量与实测值拟合较理想,通过不断补充新的沉降观测数据构建动态预测模型,反映了沉降的新变化,预测精度更高,更接近实际。卢丹玫进行了基于灰色理论的神经网络方法在防洪堤边坡稳定性分析中的应用研究,应用灰色系统理论的灰色关联分析,对防洪堤边坡稳定性影响因素进行灰关联分析,得出了各影响因素对防洪堤边坡稳定性影响程度的大小排序,然后应用人工神经网络改进的BP算法,选择灰关联分析的五个优势因子作为样本输入,采用Matlab中的神经网络函数库编写程序,建立了防洪堤边坡稳定性预测的神经网络模型。

1.3.3　概率可靠度分析理论

1.3.3.1　一次二阶矩法

王永刚和任伟中等将一次二阶矩法应用到了边坡可靠性分析中,以极限平衡理论和传统的安全系数方法为基础,运用二阶矩法建立边坡可靠性分析的极限状态功能函数,对边坡的稳定性进行了可靠性分析,探讨了随机土性变量黏聚力,内摩擦角和重度的均值及其变异系数对其可靠指标的影响。结果表明,内摩擦角的变异性对可靠指标的影响大于黏聚力变异性的影响,可靠指标对内摩擦角的变化更为敏感,变量之间的相关性对可靠指标的影响很小。然而该方法的不足之处在于,岩土体主要结构面的主要力学参数的取值方法对试验条件的依赖较大,计算可靠度指标所依据的功能函数也不固定。陈凯和温淑莲等对计算边坡稳定可靠指标的一次二阶矩法进行了改进,通过将线性展开点选在极限状态面上(即与边坡最大还能破坏概率对应点上),杜绝了原一次二阶矩法的近似极限状态面同真正的极限状态面相距较远的现象,同时克服了原方法将展开点选在空间中基本变量的均值所对应的点上,使得随线性化点X_0到极限状态面距离增加,可靠指标的误差也增大的缺点,从而保证边坡的稳定。

1.3.3.2　Monte Carlo(蒙特卡洛)法

赵德文和王春雷等针对工程实际中遇到的岩体边坡稳定问题,运用Monte Carlo法岩体结构面网络模拟技术对现场岩体结构面进行模拟分析和计算,比较清晰和逼真地再现了现场结构面的节理分布、岩体连同性等几何特征。周泉宇和杨仕教等将蒙特卡洛法应用到了公路边坡稳定性可靠度的分析之中,研究表明,采用蒙特卡洛法计算公路边坡工程可靠度问题时,当模拟次数达到3000～5000次时,一般能满足工程设计的精度要求。采用垂直条分法进行圆弧滑动公路边坡稳定性分析时,土条数目划分为8～10条较为合理,一般能满足工程设计的精度要求。张明星和李延新等基于蒙特卡洛法,对某高速公路软土路段工后沉降进行可靠性分析,并推导出了软土路基工后沉降极限状态方程,编写了计算程序。研究表明,当工后沉降容许值较大时,基于定值方法得出的估算路基工后沉降的规律与基于可靠度方法得出的规律是一致的;而当工后沉降容许值较小时,可靠度方法能够更好地考虑参数变化影响,优于定值方法。

1.3.3.3　响应面法

黄靓和易伟建等开展了针对岩土工程可靠度分析的改进响应面法研究,为了提高响应面法的计算效率和精度，对现有的全局响应面法进行了改进。采用径向基函数(RBF)神经网络，代替目前常用的BP网络，迭代过程中在超锥体的范围内构造响应面，逼近隐式的非线性功能函数。与通常的相应面法相比，改进全局响应面法的迭代次数和有限元分析次数均大幅减少，节省机时，有利于提高计算精度。以浅基础和挡土墙为工程背景进行可靠度分析，表明该方法能以较快的收敛速度和较少的有限元分析次数，获得较高精度的可靠度指标，应用岩土工程的可靠度分析。苏永华和赵明华等将响应面法应用到边坡稳定可靠度分析中，借用响应面思想，利用试验结果拟合近似安全系数计算方程从而替代隐式方程，并建立近似极限状态方程，利用其计算可靠度指标和验算点，然后将安全系数计算近似方程、隐函数计算方程和验算点结合起来，确定新的展开点和抽样点，并进行近似方程再拟合、可靠度指标的循环计算直到收敛。

以上几种方法是目前工程领域处理不确定性事件比较成熟的方法，总体而言，这几种方法对工程信息量的需求都比较大，但是在很多实际工程中往往不能得到足够的数据信息去保证分析的精确可靠，所以这些方法在实际应用上都有一定的难度。因此，研究不同的可靠性分析方法，不但可使可靠性理论进一步完善，使不确定性的模拟更为合理，而且也是非常必要的。

1.4 非概率可靠度研究现状

20世纪90年代，以色列学者Yakov. Ben-Haim提出了基于凸集合模型的非概率可靠性分析方法，该方法能够在统计信息少的情况下，对结构进行较为准确的可靠性分析，能够克服传统可靠性分析模型在实际应用时遇到的困难。在实际工程中一般都能容易地给出各参数的变化区间，而不是概率分布，所以非概率可靠性分析方法具有较好的工程实用性。按照概率可靠性的观点，如果系统不可接受行为的概率(或失效概率)小到可以接受，则认为系统是可靠的。而非概率可靠性思想，即如果系统性能的变异或波动范围与系统的失效区域不交，则系统是可靠的。或者说，如果系统性能的变异或波动不超出确定的任务范围，或性能波动的范围小到可以接受，则系统是可靠的。正如Ben-Haim所指出的，概率可靠性强调可接受行为的概率，而非概率可靠性强调的是可接受行为的范围。从设计上讲，基于概率可靠性的系统设计要求将不期望行为出现的概率减小到可接受的最低水平，而基于非概率可靠性的系统设计则要求保证系统性能的变异保持在可接受的范围内。

国外对于可靠度的研究已经历了很长的过程。基于凸集模型的结构优化设计是Elishakoff教授等在20世纪90年代中期首次提出的。将不确定性参量看作是有界的，将其包含在某个凸集合中，在其中求反优化思想用于结构优化设计，在上一级优化设计变量，获取最优设计；在低一级通过反优化不确定性，找出已知设计的最不利响应，并成功地将此思想用于桁架结构的优化设计。1995年，Elishakoff在针对此概念的讨论中，基于区间方法提出了一种可能的度量。认为非概率可靠性与不定参量一样，属于某一区间，提出的可靠性指标是一区间而非一具体量值。区间的边界是根据传统的安全因子法进行区间运算而求得。之后，Ben-Haim在研究了凸集合运算性质的基础上，提出以系统能容许的不确定性的最大程度度量可靠性。所定义的可靠性本质上是系统对不确定性的稳健性的度量，并进一步较为系统地研究了非概率的稳健可靠性方法。Lombardi 等提出两级两步解法,对 Elishakoff 的方法进行改进,可在一定程度上降低计算工作量,并用于复合材料结构的优化设计。Ganzerli 等提出了椭圆凸集模型的建模方法,利用叠加方法直接获得结构响应的极值,可避开反优化计算,并用于不确定性桁架结构和多跨梁的优化设计。总之,不确定性的凸集模型方法用于结构设计已经显示出良好的应用前景。凸集模型描述已成为可靠性分析和结构优化设计中很有前途的发展方向。

国内关于非概率可靠性方面的研究刚刚起步。比较有代表性的研究有吕震宙教授以"非概率可靠性模型及其应用研究"为题申请了国家自然科学基金,提出了基于区间分析的结构非概率可靠性模型,给出了结构体系的非概率可靠性分析方法,进而又对区间模型进行改进,以此思想方法研究了简单桁架结构非概率可靠性以及结构可靠性优化等问题。邱志平等在这方面也作了卓有成效的工作,将非概率凸集合理论模型和有限元摄动理论相结合,提出了求解有界不确定参数结构的静力位移所在集合上下界的摄动数值方法,拓宽了凸集理论的应用范围,他们的工作获得了国家杰出青年基金的资助。赵明华和曹文贵等人将给予区间分析的非概率可靠性模型应用到了岩土工程领域,开展了基于区间理论的挡土墙稳定性非概率可靠性分析方法和基于区间组合法的边坡稳定非概率模糊可靠性分析方法的研究。

就目前这些研究来看,基于凸集模型的稳健可靠性理论雏形已经建立,并在应用力学方面得到一定的应用,但稳健可靠性理论还不成熟,以 Ben-Haim 定义的稳健可靠性指标具有量纲,给设计及分析带来很大不便,其度量指标有待完善;描述各种不确定性的模型还有待完善,模型求解方法还需进一步研究;虽已初步将非概率可靠性模型引入到一些简单的并有解析解的情况,但稳健可靠性定量方面的研究和应用有待深入,所以稳健可靠性应用的领域和范围还比较窄,应该进一步拓展应用范围。

1.5　本书主要内容

1. 介绍盲数测度理论的相关知识,提出基于盲数测度理论的岩土工程参数的区间分析方法,为岩土工程设计参数的选取提供依据。应用基于盲数测度理论的岩土工程参数的区间分析方法对唐曹高速公路的路基设计参数进行研究。

2. 介绍非概率可靠度的发展及概念,并总结不同情况下计算非概率可靠指标的方法。利用 ABAQUS 有限元分析软件,分别建立经不同地基处理的软土路基模型,计算并分析软土路基沉降。应用非概率可靠性研究方法对软土路基沉降可靠度进行分析,计算沉降的可靠度指标。对各种处理方式下的软土路基沉降可靠度参数敏感性进行分析,从而为软土路基沉降提供一种有效的分析方法。

3. 在工程滑坡实例的基础上,通过 ABAQUS 有限元软件,应用强度折减法,计算出安全系数,并对不同折减系数下的塑性应变、位移场、应力场进行分析,将稳定系数的计算结果与用同济曙光边坡稳定性分析软件计算出的瑞典法、毕肖普法计算结果进行比较,通过工程实例说明,有限元强度折减土坡稳定分析的三种判据都能够合理、有效地判断多层均质土坡的安全系数。

4. 总结判断滑坡发生滑动的方法,提出通过位移或塑性应变突变来确定边坡滑动面的方法,并通过本工程实例说明此方法的可行性。对土体参数的不确定性(随机性、模糊性、灰色性、未确知性)主要应用在对土性参数均值、变异系数(或标准差)的估计上。介绍岩土工程中可靠度的分析方法。总结最优化方法在确定边坡最小安全系数、可靠性指标方面的应用,并通过工程滑坡实例。说明土的变异性对安全系数的影响很大。

5. 通过 ABAQUS 软件分别讨论不同的屈服准则、弹性模量、泊松比、剪胀角、以及网格的疏密程度对安全系数的影响。提出对传统的二元指标体系进行改良的方法,即采用 ABAQUS 软件,应用强度折减法计算出最大可能安全系数(中值安全系数)F_0,并采用强度折减法计算出失效概率。通过工程实例说明有限元与可靠度理论相耦合的实用性。

第 2 章　盲数测度理论与可信度分析理论

2.1　盲数理论概述

在当今时代,信息处理在生产科研领域的作用越来越重要。随着人们认识的逐步深入,人们对于信息范畴的认识早已不再是单一的随机信息,而将信息的范畴扩展到了模糊信息、灰信息等方面。现在用来处理信息的工具,如概率统计、未确知数学、模糊数学和灰数学等虽然都能用来处理信息,但是他们都只能用来表达和处理只具有一种不确定性的信息。但是,实际生产中所面临的信息往往同时具有多种不确定性。如果我们将只具有一种不确定性的信息称为单式信息,则这种具有多不确定性的信息就可以称为信息混沌。如果定义最多同时具有随机不确定性、模糊不确定性、未确知不确定性和灰不确定性这四种不确定性的较为复杂的信息为"盲信息",那么表达和处理这种"盲信息"的数学工具就是"盲数"。下面主要介绍一下盲数理论的相关知识。

2.1.1　盲数的定义

设 $g(I)$ 为一区间型灰数集合,α_i 为一系列的灰区间,设 $\alpha_i \in g(I)$,若 $\alpha_i \in [0,1]$,$i=1,2,\cdots,n$,$f(x)$ 为定义在 $g(I)$ 上的灰函数,且

$$A=f(x)=\begin{cases}\alpha_i, x=x_i(i=1,2,\cdots,n)\\0,\ 其他\end{cases} \tag{2-1}$$

当 $i\neq j$ 时,$x_i\neq x_j$,且 $\sum\limits_{i=1}^{n}\alpha_i=\alpha\leqslant 1$,则称函数 $f(x)$ 为盲数,称 α_i 为 $f(x)$ 的 x_i 值的可信度,称 $\alpha=\sum\limits_{i=1}^{n}\alpha_i$ 为 $f(x)$ 的总可信度,称 n 为 $f(x)$ 的阶数。

当 x_i 为实数时,函数 $f(x)$ 称为未确知有理数,并可用 $\{[x_1,x_n],f(x)\}$ 表示。称 $[x_1,x_n]$ 为未确知有理数的取值区间,x_1 为取值下限,x_n 为取值上限。未确知有理数是盲数的一个特例。

2.1.2　盲数的运算

设 * 表示 $g(I)$ 中的一种运算,该运算可以是加、减、乘、除中的一种,设 A 与 B 为盲数

$$A=f(x)=\begin{cases}\alpha_i, x=x_i(i=1,2,\cdots,m)\\0,\ 其他\end{cases} \tag{2-2}$$

$$B=g(y)=\begin{cases}\beta_i, y=y_i(i=1,2,\cdots,n)\\0,\ 其他\end{cases} \tag{2-3}$$

表 2-1 称为 A 关于 B 的可能值带边矩阵,$x_1,x_2,\cdots,x_m$ 和 $y_1,y_2,\cdots,y_n$ 分别称为 A 与 B 的可能值序列。互相垂直的两条直线叫纵轴和横轴。第一象限元素构成 $m\times n$ 阶矩阵叫做 A

关于 B 在 $*$ 运算下的可能值 $*$ 矩阵。

A 关于 B 在 $*$ 运算下的可能值 $*$ 矩阵 表 2-1

x_1	x_1+y_1	x_1+y_2	$\cdots$	x_1+y_j	$\cdots$	x_1+y_n
x_2	x_2+y_1	x_2+y_2	$\cdots$	x_2+y_j	$\cdots$	x_2+y_n
$\vdots$	$\vdots$	$\vdots$	$\vdots$	$\vdots$	$\vdots$	$\vdots$
x_i	x_i+y_1	x_i+y_2	$\cdots$	x_i+y_j	$\cdots$	x_i+y_n
$\vdots$	$\vdots$	$\vdots$	$\vdots$	$\vdots$	$\vdots$	$\vdots$
x_m	x_m+y_1	x_m+y_2	$\cdots$	x_m+y_j	$\cdots$	x_m+y_n
$*$	y_1	y_2	$\cdots$	y_j	$\cdots$	y_n

表 2-2 称为 A 关于 B 的可信度带边积矩阵，$f(x_1)$，$f(x_2)$，$\cdots$，$f(x_m)$ 与 $g(y_1)$，$g(y_2)$，$\cdots$，$g(y_n)$ 分别是 A 和 B 的可信度序列。互相垂直的两条直线叫纵轴和横轴。第一象限元素所构成的 $m\times n$ 阶矩阵叫做 A 关于 B 的可信度积矩阵。

A 关于 B 的可信度积矩阵 表 2-2

$f(x_1)$	$f(x_1)g(y_1)$	$f(x_1)g(y_2)$	$\cdots$	$f(x_1)g(y_j)$	$\cdots$	$f(x_1)g(y_n)$
$f(x_2)$	$f(x_2)g(y_1)$	$f(x_2)g(y_2)$	$\cdots$	$f(x_2)g(y_j)$	$\cdots$	$f(x_2)g(y_n)$
$\vdots$	$\vdots$	$\vdots$	$\vdots$	$\vdots$	$\vdots$	$\vdots$
$f(x_i)$	$f(x_i)g(y_1)$	$f(x_i)g(y_2)$	$\cdots$	$f(x_i)g(y_j)$	$\cdots$	$f(x_i)g(y_n)$
$\vdots$	$\vdots$	$\vdots$	$\vdots$	$\vdots$	$\vdots$	$\vdots$
$f(x_m)$	$f(x_m)g(y_1)$	$f(x_m)g(y_2)$	$\cdots$	$f(x_m)g(y_j)$	$\cdots$	$f(x_m)g(y_n)$
$*$	$g(y_1)$	$g(y_2)$	$\cdots$	$g(y_j)$	$\cdots$	$g(y_n)$

将 A 关于 B 的可能值 $*$ 矩阵中的元素，相同的合并为一个，排成一列 $\bar{x}_1,\bar{x}_2,\cdots,\bar{x}_k$，如果 $\bar{x}_i$ 在 A 关于 B 的可能值 $*$ 矩阵中有 S_i 个不同位置，将可信度积矩阵中相对应的 S_i 个位置上的元素之和记为 $\bar{r}_i$，则可以得到序列 $\bar{r}_1,\bar{r}_2,\cdots,\bar{r}_k$，令

$$\varphi(x)=\begin{cases}\bar{r}_i, x=\bar{x}_i(i=1,2,\cdots,k)\\0,\ 其他\end{cases} \tag{2-4}$$

称 $\varphi(x)$ 为盲数 A 与 B 之 $*$，记作

$$A*B=f(x)*g(y_i)=\begin{cases}\bar{r}_i, x=\bar{x}_i(i=1,2,\cdots,k)\\0,\ 其他\end{cases} \tag{2-5}$$

当 $*$ 分别代表"+""−""×""÷"时，则分别得到 $A+B$、$A-B$、$A\times B$、$A\div B$。对"÷"要求 y_i 的区间不包含实数零。

2.1.3 盲数的均值

设 a、b 是实数，并且有 $a\leqslant b$。称 $\frac{1}{2}(a+b)$ 为有理灰数 $[a,b]$ 的心，记为

$$e[a+b]=\frac{1}{2}(a+b) \tag{2-6}$$

设盲数

$$f(x)=\begin{cases}\alpha_i, x=x_i(i=1,2,\cdots,m)\\ 0,\ 其他\end{cases} \tag{2-7}$$

其中，$x_i \in g(I)$，$0<\alpha_i \leqslant 1(i=1,2,\cdots,m)$，$\sum_{i=1}^{m}\alpha_i=\alpha\leqslant 1$，称一阶未确知有理数

$$Ef(x)=\begin{cases}\alpha, x=\frac{1}{a}(e\sum_{i=1}^{m}\alpha_i x_i)\\ 0,其他\end{cases} \tag{2-8}$$

为盲数$f(x)$的均值。它体现了盲数$f(x)$的平均取值。

易知，当$x_i \in R(i=1,2,\cdots,m,R$ 为实数集)时，盲数$f(x)$退化为确知有理数。此时，$Ef(x)$为未确知有理数$\{[x_1,x_m],f(x)\}$的未确知期望。

当$m=1,x_1=[a,b]$，并且$\alpha_1=1$时，$f(x)$表示一个有理灰数，$Ef(x)$为$[a,b]$的心。

由此可知，盲数均值是未确知期望与有理灰数心的概念的推广。

2.1.4　盲数的性质

性质 1：盲数$A*B$与可能值$*$矩阵中元素的排列顺序无关。

性质 2：设A、B、C是盲数，则由盲数$*$的运算定义可知，下列运算定律成立

$A+B=B+A$

$A\times B=B\times A$

$(A+B)+C=A+(B+C)$

$(A\times B)\times C=A\times(B\times C)$

性质 3：设盲数

$$f(x)=\begin{cases}\alpha_i, x=x_i(i=1,2,\cdots,m)\\ 0,\ 其他\end{cases}$$

$$g(y)=\begin{cases}\beta_i, y=y_i(i=1,2,\cdots,n)\\ 0,\ 其他\end{cases}$$

则盲数均值具有以下性质

$E[f(x)+g(y)]=Ef(x)+Eg(y)$

$E[f(x)-g(y)]=Ef(x)-Eg(y)$

$E[f(x)\cdot g(y)]=Ef(x)\cdot Eg(y)$

2.2　可信度分析

由于可信度分析方法和取值区间的确定方法不易进行抽象的描述，故这里给出几个小的实际案例以直观地说明问题。

[案例 1]　砌体结构构件承载力设计值的确定

砌体是由不同尺寸和性状的砖石或块材用砂浆砌成的整体,其受压情况与均质的整体结构构件有很大的差别。由于灰缝厚度和密实性的不均匀,以及砌体和砂浆交互作用等原因,使砌体的抗压强度不能充分发挥。由于砌体的形状尺寸,砂浆的流动性和砌筑质量等各种因素,也影响到砌体的抗压强度。在砌体结构构件设计中,为了避免不必要的复杂设计,常用经验公式计算。实际情况是由于各种影响因素的存在使计算公式中的参数具有未确知性。

砌体结构构件承载力的传统计算公式为

$$N \leqslant \varphi f A \beta \tag{2-9}$$

式中 :N——荷载设计值产生的轴向力;

φ——构件高厚比 β 和轴向力的偏心距对受压构件承载力的影响系数;

f——砌体抗压强度设计值(在实验中常采用实际测量值);

A——截面面积。

某结构试验室作砌体结构构件承载力试验,学生自己动手制作了一个砌体构件。由于构件高厚比 β 值小于 3,所以可以直接取 $\varphi=1$,则式(2−9)可变为

$$N = fA = fbl \tag{2-10}$$

式中:b——构件截面长度(mm);

l——高(mm)。

试验时,测得 f,b,l 结果如下:

测量次数	1	2	3	4	5	6
f	1.35	1.38	1.4	1.38	1.40	1.40

测量次数	1	2	3	4
b	490	493	490	493

测量次数	1	2	3	4	5	6
l	620	625	625	620	625	625

根据上面测量数据,得 f,b,l 的盲数表达式分别为

$$f = \{[1.35,1.40],\varphi_1(x)\}$$

$$\varphi_1(x)\begin{cases}\dfrac{1}{6}, x = 1.35\\[2mm] \dfrac{1}{3}, x = 1.38\\[2mm] \dfrac{1}{2}, x = 1.40\\[2mm] 0,\text{其他}\end{cases}$$

$$b = \{[490,493],\varphi_2(x)]\}$$

$$
\varphi_2(x)\begin{cases}\dfrac{1}{2}, x = 490\\ \dfrac{1}{2}, x = 493\\ 0, \text{其他}\end{cases}
$$

$$
l = \{[620,625], \varphi_3(x)\}
$$

$$
\varphi_3(x)\begin{cases}\dfrac{1}{3}, x = 620\\ \dfrac{2}{3}, x = 625\\ 0, \text{其他}\end{cases}
$$

将 b,l 和 f 代入砌体结构构件承载力计算式(2-9)得出 N 的盲数表达式为

$$
N = \{[4.10, 4.31], \varphi(x)\}
$$

$$
\varphi(x) = \begin{cases}0.028, x = 4.10\\ 0.028, x = 4.13\\ 0.056, x = 4.14\\ 0.056, x = 4.16\\ 0.056, x = 4.19\\ 0.056, x = 4.22\\ 0.110, x = 4.23\\ 0.190, x = 4.25\\ 0.080, x = 4.28\\ 0.170, x = 4.29\\ 0.170, x = 4.31\\ 0, \quad \text{其他}\end{cases}
$$

此结果表示了砌体结构构件承载力的分布。由 $\varphi(x)$ 的取值可以看出,最不利荷载为 4.10kN,可信度为最大(0.190)时的荷载为 4.25kN。说明砌体在承载力 4.25kN 附近时将发生破坏。试验室实测值为:4.07kN,4.32kN,4.27kN,4.43kN,4.21kN,4.36kN,其平均值为 4.28kN。即构件在 4.28kN 的承载力作用下发生破坏。两者比较可见用未确知有理数表示的承载力的分布更精细,较全面地反映了该构件的实际承载情况。若以此值作为砌体结构构件的设计值则较安全可靠。

[案例 2]　钢筋混凝土构件设计

在钢筋混凝土构件设计中,关键问题是安全可靠。设计中采用的计算方法是在试验基础上弄清破坏机理,寻求明确的力学模型,同时为了避免不必要的复杂计算而确定的以经验为主的计算方法。由于实际工程中存在着多种复杂因素的影响,构件设计中各种计算公式的参数并非是确定实数,而是具有某种主观可信度的未确知数。因此,如果仅用实数表示各参数参与计算,就难以正确反映实际情况。

在单筋矩型梁正截面受弯承载力设计中,为了便于截面选择,国内外规范中采用将受压

区混凝土应力图形化为等效矩型应力图块的实用计算方法。因为从承载力设计角度看,确定受压区的实际应力分布图形意义不大,而更为关心的问题是受压区应力图的合理大小及其作用点。

单筋矩型梁正截面受弯承载力基本计算公式如下:

$$F_{lm}bh = F_y A_s \tag{2-11}$$

根据弯矩平衡条件

$$M_\mu = F_{lm}bh(h_0 - 0.5h) \tag{2-12}$$

或

$$M_\mu = F_y A_s(h_0 - 0.5h) \tag{2-13}$$

式中:F_{lm}——混凝土弯曲抗压强度设计值(N/mm²);

b——梁宽(mm);

h——受压区等效高度(mm);

F_y——纵向受拉钢筋强度设计值(N/mm²);

A_s——纵向受拉钢筋计算截面面积(N/mm²);

M_μ——截面破坏极限弯矩(kN · m);

h_0——梁的有效高度(mm)。

在实际工程中,以上各参数在不同程度上受到施工条件、材料质量、施工人员素质、外界气候和养护条件等诸多因素影响,都存在未确知性。如果只用一个实数表示进行计算,其结果只用一个实数表示,会使结果很粗糙。如果将公式中各参数表示为盲数计算结果就会精确很多。

在一次钢筋混凝土简支梁截面抗弯试验中,制作了一个梁宽 $b = 80$mm,梁高 $h_0 = 150$mm,梁长 $L = 1000$mm 的单筋距型截面梁。混凝土等级 C20,纵向受力钢筋为 2 根直径为 10mm 的 HPB300 级钢筋,保护层厚度 15mm,纯弯区段 300mm,受力支承情况如图 2-1 所示。

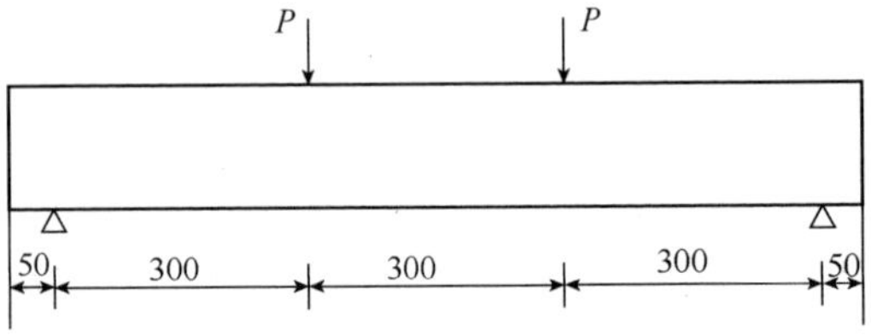

图 2-1 支承及加载(单位:mm)

根据实际测量情况,得出以上各参数值为

$$F_y = \{[364,364],\varphi_1(x)\}$$

$$\varphi_1(x) = \begin{cases} 0.98, x = 364 \\ 0, \quad x \neq 364 \text{ 且 } x \in R \end{cases}$$

$$A_s = \{[157,157],\varphi_2(x)\}$$

$$\varphi_2(x) = \begin{cases} 0.98, x = 157 \\ 0, \quad x \neq 157 \text{ 且 } x \in R \end{cases}$$

$$F_{lm} = \{[13.858,13.858],\varphi_3(x)\}$$

$$\varphi_3(x)=\begin{cases}0.85, x=13.858\\0, \quad x\neq 13.858 \text{ 且 } x\in R\end{cases}$$

$$b=\{[80,90],\varphi_4(x)\}$$

$$\varphi_4(x)=\begin{cases}\frac{1}{6}, x=80\\\frac{2}{3}, x=85\\\frac{1}{6}, x=85\\0, \text{其他}\end{cases}$$

$$h_0=\{[125,140],\varphi_5(x)\}$$

$$\varphi_5(x)=\begin{cases}\frac{1}{4}, x=125\\\frac{1}{4}, x=130\\\frac{1}{4}, x=135\\\frac{1}{4}, x=140\\0, \text{其他}\end{cases}$$

先用实数代入计算,将已知条件 $F_y=364$,$A_s=157$,$h_0=0.15$,$h=0.05$ 代入式(2-11)和式(2-12),可得

$$M_\mu=6.212\text{kN}\cdot\text{m}$$

由简支梁的支承情况及加载位置可得

$$P_\mu=\frac{M_\mu}{ag} \tag{2-14}$$

式中:M_μ——极限弯矩(kN · m);

P_μ——极限荷载(t);

a——支座至加荷点的距离(m);

g——重力加速度(m/s^2)。

由已知条件可得 $a=0.3$m,代入式(2-14)可得

$$P_\mu=2113\text{kg}=2.113(\text{t})$$

再用盲数进行计算。由式(2-11)得

$$h=\frac{F_y\cdot A_0}{F_{lm}\cdot b} \tag{2-15}$$

将 F_y,A_s,F_{lm}和 b 的盲数表示式代入式(2-15)计算可得

$$h=\{[45.82,51.55],\varphi_6(x)\}$$

$$\varphi_6(x)=\begin{cases}0.13, x=45.82\\0.55, x=48.52\\0.13, x=51.55\\0, \quad 其他\end{cases}$$

将 F_y, A_y, h_0, h 的盲数表示式代入式(2-13)可得

$$M_\mu=\{[5.670,6.691], \varphi_7(x)\}$$

$$\varphi_7(x)=\begin{cases}0.0312, x=5.670\\0.1320, x=5.757\\0.0312, x=5.834\\0.0312, x=5.956\\0.1320, x=6.043\\0.0312, x=6.120\\0.0312, x=6.242\\0.1320, x=6.329\\0.0312, x=6.406\\0.0312, x=6.527\\0.1320, x=6.614\\0.0312, x=6.691\\0, \quad 其他\end{cases}$$

将 $a=0.3, g=9.8$ 代入式(2-14)可得

$$P_\mu=\{[1.928,2.276], \varphi_8(x)\}$$

$$\varphi_7(x)=\begin{cases}0.0312, x=1.928\\0.3120, x=1.959\\0.0312, x=1.984\\0.0312, x=2.026\\0.1320, x=2.055\\0.0312, x=2.081\\0.0312, x=2.123\\0.1320, x=2.153\\0.0312, x=2.179\\0.0312, x=2.220\\0.1320, x=2.250\\0.0312, x=2.276\\0, \quad 其他\end{cases}$$

实际试验结果为:2.000t,2.200t,2.260t,1.950t,2.150t,2.350t,1.970t。

在钢筋混凝土结构设计中,应从最不利角度考虑。反映在构件设计中,应该以构建可能出现的最小承载力为设计值,这样得到的结构才是安全可靠的。上面通过两种方法得到两个结果。如果以实数表示的结果 2.113(t)作为设计值,因为没有比较,试验显示这可能是不

安全的。在盲数表示的结果中比较全面地反映了试验结果。如果我们用下限值 1.928(t)作为设计值,得到的结构是安全可靠的。

以上实例说明,用盲数来确定单筋矩形截面梁的承载力设计值是合理的。其他构件形式均可类同解决。

[**案例 3**]　钢筋抗拉强度的标准值

在实验科学中,常常通过试验得到数据,通过对数据的分析和处理得出结论。如求一组数据的均值,把均值作为标准值,并用标准值加误差表示试验结果,这很通用和有效。但是这种做法不能反映试验中的所有情况,无法确定所取均值的可信度,这是均值法的不足。事实上,一组测试数据就是一个未确知有理数。利用未确知有理数的运算确定标准值则比较精细。

钢筋抗拉强度试验。分两组测试所得数据如下(单位:MPa):

甲组:290,295,300,300,295,310,310,310,321,295。

乙组:290,290,295,310,335,321,310,321,295,295。

分析 1:两组取样抗拉试验,都是从一批钢筋中各取 10 根,故等同于一次抽取 20 根试验,即得到一个盲数(6 阶盲数),由此确定标准值也只能求其实测值的平均值,也就是求盲数的期望值,这就是通常所用的均值法。

分析 2:从一大批钢筋中任取 10 根测试得一盲数。因为钢筋数量很大,故再任取 10 根测试,可认为其结果不受第一次取值的影响,即前后两次测试所得的盲数的取值可认为是相互独立的,故可采用下面的处理方法。

上面两组数据可分别表示为盲数 A_1 和 A_2。

$$A_1 = \{[290,321],\varphi_1(x)\}$$

$$\varphi_1(x) = \begin{cases} 0.1, x = 290 \\ 0.3, x = 295 \\ 0.2, x = 300 \\ 0.3, x = 310 \\ 0.1, x = 321 \\ 0, \text{其他} \end{cases}$$

$$A_2 = \{[290,335],\varphi_2(x)\}$$

$$\varphi_2(x) = \begin{cases} 0.2, x = 290 \\ 0.3, x = 295 \\ 0.2, x = 310 \\ 0.2, x = 321 \\ 0.1, x = 335 \\ 0, \text{其他} \end{cases}$$

在反映标准值上可认为两组钢筋权重一样,则钢筋强度标准值可表示为 $C=\frac{1}{2}A_1+\frac{1}{2}A_2$

由于 A_1,A_2 独立,由盲数运算可得 $C=\{[290,328],\varphi(x)\}$。

$$\varphi(x)\begin{cases}0.02, x=290\\0.09, x=292.5\\0.13, x=295\\0.06, x=297.5\\0.08, x=300\\0.15, x=302.5\\0.04, x=305\\0.04, x=305.5\\0.09, x=308\\0.06, x=310\\0.04, x=310.5\\0.01, x=312.5\\0.03, x=315\\0.08, x=315.5\\0.02, x=317.5\\0.02, x=321\\0.03, x=322.5\\0.01, x=328\\0, \quad 其他\end{cases}$$

从盲数分析结果可以看出

(1)当 C=292.5 时,保证率为 98%;当 C=295 时,保证率为 89%。要使钢筋拉伸标准值满足 95%的强度保证率,为了安全可靠,实际中取 C=292.5MPa。

(2)在分组数据中可信度最大的,实际计算结果并非最大。如果甲、乙两组可信度最大的是 295MPa(可信度为 0.3),而结果中 295MPa 的可信度并非最大(可信度为 0.13)。这说明局部最大,整体未必最大。

第3章　非概率可靠度基本理论

3.1　可靠性概念及发展

常规可靠性定量指标的产生距今已有80年的历史。狭义的可靠性是指产品在规定的条件下和规定的时间内完成规定功能的能力;广义的可靠性是指产品在其寿命期内完成规定功能的能力,其不仅包含着狭义可靠性还包含着维修性。早期的可靠性定义中,产品完成规定功能能力的大小是以概率来表示的。产品不能完成规定功能称之为失效(或故障),产品何时出现失效的确与很多因素有关,因此出现失效的时间是一个随机现象。所以说常规可靠性是以概率论、数理统计、随机过程等为数学基础,以失效物力为物理学基础。

非概率可靠性的基本思想是通过系统波动范围与要求的变化范围相比较,以确定结构的安全度,有时也称为稳健可靠性或鲁棒可靠性。目前,非概率方法大体分为三种类型,区间分析、凸集模型、可能性理论和模糊集理论。

不确定性结构的区间分析首先是由Rao等提出来的。采用区间分析的方法时,只要知道不确定性参数的界限,而不需要了解其统计分布特性。对于统计数据缺乏只能给出参数变化范围的情况非常适用。区间方程的解法可以采用直接法、组合法以及截断法,但是区间方程的解有时过于保守。区间分析也可用于求解固有频率的特征值问题。

基于凸集模型的非概率可靠性方法是在20世纪80年代后期提出的一种研究可靠性问题的方法,这种方法一经提出就引起了人们的高度重视。在20世纪90年代中期,Ben-haim教授提出了基于凸集模型的非概率可靠性的概念。在20世纪90年代后期,凸集模型理论和反优化方法(Anti-Optimization Approach)应用到不确定性结构优化设计方面的研究,从而开辟了一条不确定性结构分析和设计的新途径。

可能性理论和模糊集理论,模糊可靠性度量方法就是考虑到结构应力或强度存在模糊性时使用的度量方法。大多数情况下,得不到应力和强度的解析表达式,并且与之相关的变量不只是随机变量,同时会具有模糊变量,如结构位移、载荷效应及结构抗力。因此结构可靠性分析时应该考虑实际存在的模糊性。1997年,Liu研究了影响结构性能的基本变量同时具有模糊性和随机性时结构的模糊随机可靠性理论。

3.2　区间变量的标准化

设结构的不确定参数p在某区间内变化,其上下界分别为p^u和p^l,则有

$$p^c=\frac{p^u+p^l}{2}\quad p^r=\frac{p^u-p^l}{2}$$

则$p^l=p^c-p^r, p^u=p^c+p^r$

则区间 p^I 和区间变量 p 可分别表示为

$$p^I = p^c + p^r\Delta^I \quad p = p^c + p^r\delta \tag{3-1}$$

式中，$\Delta^I = [-1,1]$ 为标准化区间；$\delta \in \Delta^I$ 为标准化区间变量。

显然，任意实值区间可由 p^c 和 p^r 两参数唯一确定。p^c 为区间数的算术平均，称为 p^I 或 p 的均值。p^r 表示区间数相对于均值 p^c 的分散程度，称为 p^I 和 p 的离差。

设所有实值区间的集合记为 IR，则区间变量的运算具有以下线性特征：

设 $x_i \in x_i^I \in IR(i=1,2,\cdots,n)$ 为任意不相关区间变量，$x_i(i=1,2,\cdots,n)$ 的线性函数为

$$y = \sum_{i=1}^{n} a_i x_i$$

式中，$a_i \in R(i=1,2,\cdots,n)$ 为任意实数。则 y 的均值和离差分别为

$$y^c = \sum_{i=1}^{n} a_i x_i^c, y^r = \sum_{i=1}^{n} |a_i| x_i^r \tag{3-2}$$

式中，x_i^c、x_i^r 分别为 x_i 的均值和离差。

3.3 基于区间分析的结构非概率可靠性

3.3.1 非概率可靠性度量

设问题中的不定参量可用区间限界。$y=\{y_1,y_2,\cdots,y_n\}$ 是与结构有关的基本区间变量的集合。其中，$y_i \in Y_i^I(i=1,2,\cdots,n)$。同随机可靠性问题一样，取

$$M = g(y) = g(y_1,y_2,\cdots,y_n) \tag{3-3}$$

为由结构的失效准则确定的功能函数(或极限状态函数)，当 $g(g)$ 为区间变量 $g(y_1,y_2,\cdots,y_n)$ 的连续函数时，M 也为一区间变量。设其均值和离差分别为 M^c 和 M^r，并令

$$\eta = M^c/M^r \tag{3-4}$$

按照一般的结构可靠性理论，超曲面 $g(y)=0$ 称为失效面。它将结构的基本参量空间分为失效域 $\Omega_f=\{y:g(y)<0\}$ 和安全域 $\Omega^f=\{y:g(y)>0\}$ 两部分。根据式(2-4)，只要 $\eta>1$，则对 $\forall y_i \in Y_i^I(i=1,2,\cdots,n)$，均有 $g(y)>0$，此时结构安全。当 $\eta<1$ 时，对 $\forall y_i \in Y_i^I(i=1,2,\cdots,n)$，均有 $g(y)<0$，结构必然失效。而当 $-1\leqslant\eta\leqslant1$，对 $\forall y_i \in Y_i^I(i=1,2,\cdots,n)$，$g(y)>0$ 和 $g(y)<0$ 均有可能，即结构可能安全，也可能不安全。由于区间变量属于确定性区间，在区间内取任何值的可能性均存在。从严格意义上讲，此时不能认为结构是可靠的，因为我们不能相信结构能完成预定的任务。因此，当结构的所有不确定参数均为区间变量时，可认为结构只有两种确定性状态：可靠或不可靠。由式(3-4)可知，无量纲量 η 的值越大，结构的安全程度越高。因而可用 η 作为结构安全可靠程度的度量。以下对不同形式的功能函数分别说明。

(1)双区间变量的功能方程。取功能方程

$$M = r - s = 0 \tag{3-5}$$

式中，$r \in R^I$，$s \in S^I$ 分别表示强度和应力区间变量。作以下标准化变换

$$r = R^c + R^r\delta_r \quad s = S^c + S^r\delta_s \tag{3-6}$$

式中,R^c、R^r 和 S^c、S^r 分别为 r 和 s 的均值、离差。δ_r 和 δ_s 为标准化变量。代入功能方程式(3-5)可得

$$M = R^r\delta_r - S^r\delta_s + (R^c - S^c) = 0 \tag{3-7}$$

显然,有

$$M^c = R^c - S^c \quad M^r = R^r\delta_r - S^r\delta_s \tag{3-8}$$

从而,非概率可靠性指标可定义为

$$\eta = \begin{cases} \dfrac{R^c - S^c}{R^r + S^r} & R^c \geqslant S^c \\ 0 \end{cases} \tag{3-9}$$

由于 $\eta<0$ 时无实际意义,这里将 η 的最小值定义为零。

(2)功能函数为多区间变量的线性函数。考虑功能方程

$$M = \sum_{i=1}^{m} a_i r_i - \sum_{j=1}^{n} b_j s_j = 0 \tag{3-10}$$

式中,$r_i \in R_i^I, s_j \in S_j^I(i=1,2,\cdots,m,j=1,2,\cdots,n)$为不相关区间变量;$a_i, b_j$ 为常数。类似式(3-6),做以下标准变换

$$r_i = R_i^c + R_i^r\delta_{ri}(i = 1,2,\cdots,m) \quad s_j = S_j^c + S_j^r\delta_{sj}(j = 1,2,\cdots,n) \tag{3-11}$$

则功能方程可标准化为

$$M = \sum_{i=1}^{m} a_i R_i^r\delta_{ri} - \sum_{j=1}^{n} b_j S_j^r\delta_{sj} + (\sum_{i=1}^{m} a_i R_i^c - \sum_{j=1}^{n} b_j S_j^c) \tag{3-12}$$

显然,功能函数在标准化区间变量组成的新空间保持线性特性。由式(3-4)和式(3-12),其可靠性指标可以定义为

$$\eta = \begin{cases} \dfrac{\sum_{i=1}^{m} a_i R_i^c - \sum_{j=1}^{n} b_j S_j^c}{\sum_{i=1}^{m} a_i R_i^r - \sum_{j=1}^{n} b_j S_j^r}, & \sum_{i=1}^{m} a_i R_i^c - \sum_{j=1}^{n} b_j S_j^c \geqslant 0 \\ 0 \end{cases} \tag{3-13}$$

(3)η 的物理意义及扩展定义。由式(3-13)易知,对线性功能函数,η 为标准化区间变量的扩展空间中,按无穷范数 $\| g \|$ 度量的从坐标原点到失效面的最短距离。由于标准化区间变量属于凸区域 $C_\delta = \{\delta : |\delta_i| \leqslant 1, i=1,2,\cdots,n\}$,这里的扩展空间指其后的无限空间。

以二维情况为例,在图 3-1 所示二维标准化区间变量的扩展空间中,失效面上与原点距离最短的点(δ_r^*, δ_s^*)满足$|\delta_r^*| = |\delta_s^*|$。最短距离为

$$\eta' = \min(\|\delta\|)_\infty = \min\{\max(|\delta_r|, |\delta_s|)\} = |\delta_r^*| = |\delta_s^*| = \frac{R^c - S^c}{R^r + S^r} = \eta \tag{3-14}$$

从几何意义上讲,若 $\eta=1$,则失效面和凸区域 C_δ(图中阴影部分)相切,结构处于可靠与不可靠的“临界”状态,只要 $\eta>1$,则失效域与基本区间变量的取值域不相交,结构可靠。并且失效域距凸区域 C_δ 越“远”,η 值越大,结构对不确定参量变化范围的限制越小,从而对不确定参量的稳定性越好。用 η 作为非概率可靠性的度量是客观、合理和可行的。

以上概念很容易推广到一般非线性功能函数的情况,如图 3-2 所示。

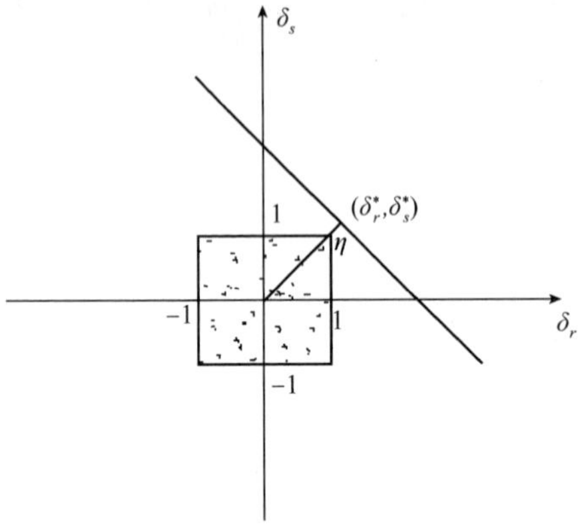

图 3-1　线性功能函数

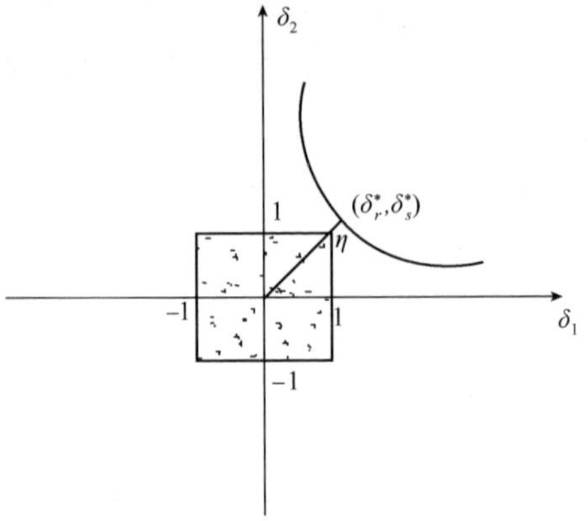

图 3-2　非线性功能函数

定义:对任意连续的功能函数 $M=g(y_1,y_2,\cdots,y_n)$,基于区间模型的结构非概率可靠性指标定义为

$$\eta = \min(\ \|\delta\|\ )_\infty \tag{3-15}$$

满足条件

$$M = g(y_1,y_2,\cdots,y_n) = G(\delta_1,\delta_2,\cdots,\delta_n) = 0 \tag{3-16}$$

式中,$\delta=\{\delta_1,\delta_2,\cdots,\delta_n\}$为与 $y=\{y_1,y_2,\cdots,y_n\}$对应的标准化区间变量向量。

由式(3-15)和式(3-16)可知,这里是将标准化区间变量的扩展空间中,从坐标原点到失效面的最短距离(按无穷范数 $\|g\|_\infty$度量)作为结构的非概率可靠性指标。若 $\eta>1$,则结构性能的实际波动范围与失效域不相交,结构可靠。η 的值越大,结构性能的实际波动范围距离失效域越远,结构对不确定性参量的稳健性越好,其安全程度越高。

3.3.2　概率可靠性的计算方法

基于区间分析的可靠性指标的求解方法主要有定义法、转换法和优化法:

1. 定义法

式(3-15)所定义的非概率可靠性指标本质上是标准化区间变量的扩展空间中,从坐标原点到失效面的最短距离(按无穷范数 $\|g\|_\infty$度量)。若 $\eta>1$,则结构性能的实际波动范围(变换后的多维正方体)与失效区域不相交,结构可靠。η 值越大,结构性能的实际波动范围距离失效区域越远,结构对不确定参量的稳健性越好,其安全程度越高。对 $\eta=\min(_\infty)$ $\|g\|_\infty\eta>1\delta=\{\delta_1,\delta_2,\cdots,\delta_n\}$, $\|\delta\|_\infty=\max\{|\delta_1|,|\delta_2|,\cdots,|\delta_n|,\}$ 由式(3-15)和式(3-16)可知,η 的求解可表示为以下优化形式:

$$\min(\max\{|\delta_1|,|\delta_2|,\cdots,|\delta_n|\}),M = g(y_1,y_2,\cdots,y_n) = G(\delta_1,\delta_2,\cdots,\delta_n) = 0 \tag{3-17}$$

根据定义,非概率可靠性指标的求解本质上是一个有等式约束的优化问题,在极限状态函数不是很复杂的情况下很容易求解。实际计算时,也可以将式(3-17)写为不等式约束 $M=G(\delta_1,\delta_2,\cdots,\delta_n)\geqslant 0$。

2. 转换法

当极限状态函数形式简单，且 $g(g)$ 关于所有区间变量 $x_i(i=1,2,\cdots,n)$ 在 $x_i \in x_i^I$ 范围内的单调性易于确定时，式(3-15)定义的非概率可靠性指标 η 的求解，也可以通过以下转换变为一元方程的求解问题，而不用优化计算。具体步骤如下：

(1)对基本区间变量 $x_i(i=1,2,\cdots,n)$ 作标准化变换 $x_i=x_i^c+x_i^r\delta_i$，同时将极限状态方程化为标准化形式 $M=g(x_1,x_2,\cdots,x_n)=G(\delta_1,\delta_2,\cdots,\delta_n)=0$。

(2)若对 $x_i \in x_i^I \in IR$，有 $\dfrac{\partial M}{\partial x_i}>0$，则令标准化形式极限状态函数中的 $\delta_i=-\delta$，同时令与 $\dfrac{\partial M}{\partial x_i}<0$ 对应的 $\delta_j=\delta$。从而可将极限状态函数转化为关于 δ 的一元函数。

(3)求解关于 δ 的一元方程，可得非概率可靠性指标。

[例 1]　设结构某破坏模式的功能方程为

$$M=r_1+\frac{1}{\sqrt{2}}r_2-s=0$$

式中：r_1、r_2——元件 1 和元件 2 的强度；

s——结构所受外载。其变化范围分别为：$r_1 \in [180,220]$ MPa，$r_2 \in [270,330]$ MPa，$s \in [160,240]$ MPa。对变量作标准化变换，$r_1=200+20\delta_{r1}$，$r_2=300+30\delta_{r2}$，$s=200+40\delta_s$，则功能方程可标准化为

$$M=20\delta_{r1}+21.2\delta_{r2}-40\delta_s+212.1=0$$

$$\frac{\partial M}{\partial r_1}>0,\delta_{r1}=-\delta,\frac{\partial M}{\partial r_2}>0,\delta_{r2}=-\delta,\frac{\partial M}{\partial s}<0,\delta_s=\delta$$

功能方程变换为

$$M=-20\delta-21.2\delta-40\delta+212.1=0$$

解方程得非概率可靠性指标为

$$\eta=2.61$$

3. 优化法

当极限状态函数 $g(g)$ 形式较为复杂，变量数目较多，或 $g(g)$ 关于基本变量 x_i 的增减特性不明确时，根据区间变量函数运算的优化计算方法，也可以用以如下类似方法确定非概率可靠性指标。

由于 $x_i(i=1,2,\cdots,n)$ 为区间变量，$f(g)$ 为 x_i 的实值连续函数，因而 $M=f(x)$ 亦为区间变量。对基本区间变量作标准化变换，同时极限状态方程化为标准化形式如式(3-16)所示。可知极限状态函数的上、下边界满足

$$M^l=\min_{\delta_i \in \Delta^l} G(\delta_1,\delta_2,\cdots,\delta_n),M^u=\max_{\delta_i \in \Delta^l} G(\delta_1,\delta_2,\cdots,\delta_n) \tag{3-18}$$

从而，对应的非概率可靠性指标为

$$\eta=\frac{M^c}{M^r}=\frac{(M^u+M^l)}{(M^u-M^l)} \tag{3-19}$$

从理论上讲，定义法和转换法是准确方法，而优化法是一种近似方法。

[例 2]　某场地地表土层为中砂，厚度为 2m，$\gamma_1=[18.2,18.8]$ kN/m^3，中砂层之下为粉

质黏土,γ_{sat}=[19.1,19.5]kN/m^3,抗剪强度标准值 φ_k=[21,24]^0,c_k=[8,12]kPa,地下水位在地表以下2m处。修建的基础底面尺寸为2m×2.8m,基础埋深为2m,基底压力 p=[156,184]kPa,试确定地基承载力的可靠性指标。

解:根据条件,可以采用规范推荐的理论公式来确定地基承载力特征值。查表可得,M_b=[0.56,0.8],M_d=[3.25,3.87],M_c=[5.85,6.45]。因基底与地下水位平齐,故 γ 取有效重度,即

$$\gamma' = \gamma_{sat} - \gamma_w = [19.1,19.5] - 10 = [9.1,9.5]$$

此外,基底以上土的平均重度 γ_m=[18.2,18.8]kPa

根据地基承载力计算公式,可以得到功能函数方程如下所示

$$M = M_b \gamma b + M_b \gamma_m d + M_c c_k - p$$

对各个变量作标准化变换

$$M_b = 0.68 + 0.12\delta_{M_b}, M_d = 3.56 + 0.31\delta_{M_d}, M_c = 6.15 + 0.3\delta_{M_c},$$

$$\gamma = 9.3 + 0.2\delta_\gamma \quad \gamma_m = 18.5 + 0.3\delta_{\gamma_m}$$

带入功能函数方程,根据优化法可得

$$M^l = 26.3504 \quad M^u = 129.7344$$

根据式(3-19),可得承载力可靠性指标为

$$\eta = \frac{M^c}{M^r} = \frac{(M^u + M^l)}{(M^u - M^l)} = \frac{129.7344 + 26.3504}{129.7344 - 26.3504} = 1.5098$$

3.4 基于凸集模型的非概率可靠性模型

3.4.1 凸模型

结构分析的凸模型是基于不确定量的凸模型,考虑不确定量的幅度或界限。Ben-Haim通过建立加载履历中不确定性的凸模型,分析了具有时变输入的线弹性系统的最小失效时间,进而给出传统 S-N 曲线的凸模型解释。Ben-Haim 和 He 等指出基于不确定性的凸模型得到的系统最大响应要比基于传统的确定性法或随机方法得到系统的最大响应要大得多,因此基于传统的不确定性方法会得到不够安全的方案设计。Fryba 等通过建立不确定基础的凸模型分析了无限长梁的不确定动态响应。Tzan 等通过建立能量有界激励的凸模型分析了动态系统的最大响应,并通过简缩系数校正凸模型。结构可靠性分析的凸模型认为:如果系统的不确定性输入值在凸域内变化,则相应的系统响应也在凸域内变化,系统的失效事件用相应的凸模型表示;如果系统的凸域响应与失效凸模型不相交,则系统是可靠的。非概率可靠性凸模型的代表性研究成果见 Ben-Haim,Qiu 和 Ellishakoff。

Ben-Haim 通过分析一薄壁结构解释了"概率密度函数很小的不确定性对失效概率的计算和设计结果会有很大的影响";通过建立结构运行环境和几何等不确定性的凸模型,用可接受的系统性能来描述可靠性;提出了非概率可靠性的概念。Ben-Haim 分析了带有不确定性输入和不确定性失效状态的线性系统的鲁棒可靠性,认为结构在失效之前所允许的不确定量如果比较大,则结构是高可靠性的;如果比较小,则结构的可靠性低。从这个意义上讲,

非概率可靠性凸模型是对结构不确定鲁棒性的度量,故称之为鲁棒可靠性。通过建立线性系统的不确定输入的凸模型,得到不确定性系统响应的凸模型,与相应失效状态不确定性的凸模型比较,提出一种结构鲁棒可靠性准则。

设 U 和 F 分别是线性系统的输入空间和失效空间,$u_i \in U$,考虑到输入 u_i 受不确定性因素的影响,用凸模型表示为 $U(\alpha,u_i)$,α 是输入 u_i 不确定性的一种度量,相应系统输出的凸模型表示为 $Y(U(\alpha,u_i))(i=1,2,\cdots)$;同样,对 $\forall f_j \in F(j=1,2,\cdots)$,有 f_j 的凸模型表示 $F(\beta,f_j)$,β 是失效状态的一种不确定性度量。基于下面 3 条假设,提出结构的鲁棒可靠性准则。

假设(1):集簇 $\{U(\alpha,u)\mid\alpha\in R,u\in U\}$ 和 $\{F(\beta,f)\mid\beta\in R,f\in F\}$ 具有放大和平移特性。

假设(2):由线性系统特性,集簇 $\{Y(U(\alpha,u))\mid\alpha\in R,u\in U\}$ 也具有放大和平移特性;

假设(3):定义任意两个凸集间的距离为

$$D[U(\alpha,u)\cap V(\alpha,v)]=\inf\{\alpha\geqslant 0:U(\alpha,u)\cap V(\alpha,v)\neq\Phi\} \tag{3-20}$$

在假设(1)、假设(2)、假设(3)下,得到线性系统 $L:u\to y$ 的可靠性准则:

①固定失效不确定性 β 时的输入可靠性

$$\eta_{input}(t,\beta)=\min D_{\beta}[Y(U(\alpha,u_i)),F(\beta,f_j)] \tag{3-21}$$

即当给定 β 时,若输入不确定性小于 $\eta_{input}(t,\beta)$,则系统可靠。

②固定输入不确定性 α 时的失效可靠性

$$\eta_f(t,\alpha)=\min_{i,j} D_{\alpha}[Y(U(\alpha,u_i)),F(\beta,f_j)] \tag{3-22}$$

即当给定 α 时,若失效的不确定性小于 $\eta_f(t,\alpha)$ 则系统可靠。

③全局可靠性,即输入不确定性和失效不确定性都不固定时的系统的可靠性

$$\eta(t)=\min_{i,j} D[Y(U(\alpha,u_i)),F(\beta,f_j)] \tag{3-23}$$

即当输入不确定性和失效不确定性同时变化时,若全局不确定性小于 $\eta(t)$,则系统可靠。上述鲁棒可靠性准则是以系统能容许的不确定性的最大程度来度量可靠性。实际上仅适用于对一维情况的讨论,即单输入变量、单响应变量及单失效模式。考虑到所有可能的输入凸集和失效凸集合,分析每一个可能的输入 $U(\alpha,u_i)(i=1,2,\cdots)$ 引起响应凸集合 $Y(U(\alpha,u_i))(i=1,2,\cdots)$ 是否在一个可能的失效凸域中出现(如果出现即相交,则认为出现失效的可能;如果不出现即不相交,则可靠),其交运算实际上是在一维区间数上进行的。

Qiu 针对不确定性的凸模型提出了基于凸集偏序关系的结构安全准则,利用凸区域在空间坐标上的投影,通过区间分析提出多维情况下,即多输入变量、多响应变量和多失效模式下的结构鲁棒可靠性准则,完善了 Ben 的鲁棒可靠性理论。两者的根本区别在于式(3-20)和式(3-21)的差别。Qiu 将任意两个凸集间的距离定义为

$$D[U(\alpha,u),V(\alpha,v)]=\min_{1\leqslant i\leqslant n}\{\alpha\geqslant 0:[u_i](\alpha,u)\cap[v_i](\alpha,v)=singliton\} \tag{3-24}$$

式中,$U(\alpha,u),V(\alpha,v)\subseteq[X]=([X_1],[X_2],\cdots,[X_n],)=([X_i])=([\underline{X}_i,\bar{X}_i])$。在区间向量的交运算下,不确定输入和 n 个不确定响应的动态系统的鲁棒可靠性准则如下所示:

(1)固定失效不确定性 β 时的输入可靠性为

$$\eta_{input}(t,\beta)=\min_{1\leqslant i\leqslant n} D_{\beta}[Y_i(U(\alpha,u)),F(\beta,f_i)] \tag{3-25}$$

(2)固定输入不确定性 α 时的失效可靠性为

$$\eta_f(t,\alpha) = \min_{1\leq i\leq n} D_\alpha[Y_i(U(\alpha,u_i)),F(\beta,f_i)] \tag{3-26}$$

(3)全局可靠性,即输入不确定性和失效不确定性都不固定时系统的可靠性为

$$\eta(t) = \min_{1\leq i\leq n} D[Y_i(U(\alpha,u)),F(\beta,f_i)] \tag{3-27}$$

式(3-25)、式(3-26)和式(3-27)中,$Y_i(U(\alpha,u))$和$F(\beta,f_i)$($i=1,2,\cdots$)分别为系统不确定响应的第i个凸集响应分量和相应的失效凸集分量。

3.4.2　凸集定义

设Γ是实线性区间,它不只含有一个点。

定义1:设集合$S\subset\Gamma$如果对于任意的$\lambda\in(0,1)$有

$$\lambda x + (1-\lambda)y \in S, \forall x,y \in S \tag{3-28}$$

则称S是(Γ中的)凸集或者集合S是凸的。

规定:空集是凸集。以下集合是空间中的凸集。

Euclid空间R^N中的超平面

$$H = \{x \in R^N \mid \alpha^{\mathrm{T}}x = \beta, \alpha \in R^N, \beta \in R\} \tag{3-29}$$

式中:R——实数集。

Euclid空间R^N中的开半空间

$$H_+^0 = \{x \in R^N \mid \alpha^{\mathrm{T}}x > \beta, \alpha \in R^N, \beta \in R\} \tag{3-30}$$

Banach空间Ω中以x^0为中心,δ为半径的超球体

$$B_\delta(x^0) = \{x \in \Omega \mid \|x - x^0\| < \delta, x^0 \in \Omega, \delta > 0\} \tag{3-31}$$

特别地,Ω中的开单位球

$$B = \{x \in \Omega \mid \|x\| < 1\} \tag{3-32}$$

式中:$\|x\|$——x的范数。

线性空间Γ中的闭线段

$$[x_1,x_2] = \{x \in \Gamma \mid x = \lambda x_1 + (1-\lambda)x_2, x_1,x_2 \in \Gamma, \lambda \in [0,1]\} \tag{3-33}$$

线性空间Γ中的正系数多项式集合

$$P = \{P \in \Gamma \mid P\text{是}R\text{上正系数单变量多项式}\} \tag{3-34}$$

凸集的定义也可以用图形表示。在Euclid平面上,一个区域R内连接任意两点的线段,如果该线段全部都在这个区域内,那么该区域R的点集就构成一个凸集。例如,椭圆形,长方形和正方形界定的区域都是凸区域,不过四边形围成的区域可能是凸域,也可能不是凸域,图3-3表示平面中的凸集和非凸集。

定义2:设$x^i\in\Gamma,\lambda_i\geq 0(i=1,2,\cdots,m)$,$\sum_{i=1}^{m}\lambda_i=1$,则称向量$x=\sum_{i=1}^{m}\lambda_i x^i$为$x^1,x^2,\cdots x^m$的凸组合。

凸集的定义也可以直接推广到函数空间,即函数的凸集。

以下介绍与凸集有关的一些简单性质。

性质1:设集合$S\subset\Gamma$。S是凸集当且仅当

$$(a_1 + a_2)S = a_1S + a_2S, \forall a_1,a_2 \in R_+ \tag{3-35}$$

式中:R_+——非负实数域。

性质 2：设 $S_i \subset \Gamma(i \in I, I$ 是指标集），是凸集。

（1）如果 $I=\{1,2,\cdots,m\}$ 是有限指标集，$\alpha_i \in R(i=1,2,\cdots,m)$，则 $\sum\limits_{i=1}^{m}\alpha_i S^i$ 是凸集。

（2）如果 I 是任意指标集，则 $\bigcap\limits_{i\in I} S_i$ 是凸集。

性质 3：设 Ψ 是线性空间，$L:\Gamma\to\Psi$ 是线性映射。

（1）如果 $S\subset\Gamma$ 是凸集，那么 $L(S)\subset\Psi$ 是凸集。

（2）如果 $T\subset\Psi$ 是凸集，那么 $L^{-1}(T)\subset\Gamma$ 是凸集。

性质 4：设集合 $S\subset\Gamma$ 非空。S 是凸集当且仅当对任何正整数 $m\geqslant 2$ 时，有 $x^i\in S,\lambda_i\geqslant 0$ $(i=1,2,\cdots,m)$，$\sum\limits_{i=1}^{m}\lambda_i=1$，使得 $\sum\limits_{i=1}^{m}\lambda_i x^i\in S$。

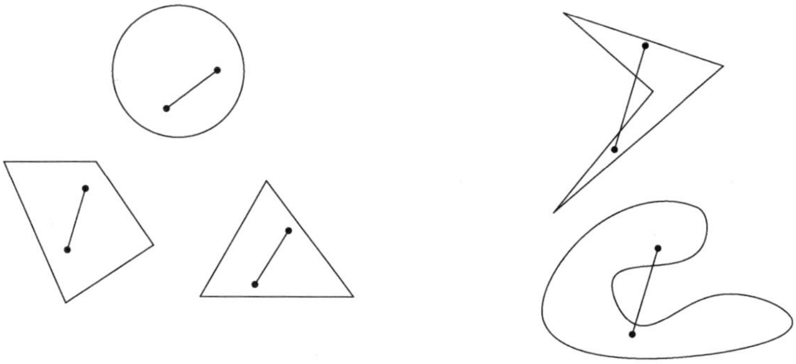

a）凸集　　　　b）非凸集

图 3-3　平面上的凸域和非凸域

3.4.3　凸集模型的形式

目前应用力学和结构工程问题的凸集模型主要有以下几种：

（1）最大值界限凸集模型（MB）。最大值界限凸集模型（The Maximum Bound Convex Model）简称 MB 模型。假定不确定性量的每一个分量的绝对值都不超过某一个限值，即

$$\Omega_{\mathrm{MB}} = \{u(t): |u_i| \leqslant \overline{u_i}, i=1,2,\cdots,n\} \tag{3-36}$$

式中，$\overline{u_i}(i=1,2,\cdots,n)$ 为常数。这是最简单的一个凸集模型，由于它形式简单且需要的信息很少，所以得到了广泛的应用。当不确定量在零均值附近扰动，而又没有其他的信息时，用最大值界限模型较为合适。不确定性量 u 相对于一个非零主值（或均值）$\bar{u}$ 偏移看做一个凸集，则最大值界限凸集模型可以改写为

$$\Omega_{\mathrm{MB}} = \{u(t): |u_i - \overline{u_i}| \leqslant a, i=1,2,\cdots,n\} \tag{3-37}$$

式中，a 为凸集的大小。

（2）积分能量界限凸集模型（IEB）。积分能量界限凸集模型（The Integral Energy Bound Convex Model）简称 IEB 模型。令输入能量的积分是有限的，即

$$\Omega_{\mathrm{IEB}} = \{u(t): {}_0^T u^T(\tau)\mathrm{d}\tau \leqslant E^2\} \tag{3-38}$$

式中 E 为一正实数。实际工程中有很多不确定性量，虽然它们的形式不被人们所知，但它们在一段时间内的总能量是限定的，这样的不确定性量就可以用积分能量界限凸集模型

来描述。这种模型就是地震不确定性的最早描述(Drenick,Shinozuka,1970)。

(3)局部能量界限凸集(LEB)模型。局部能量界限凸集模型(The Local Energy Bound Convex Model),简称 LEB 模型

$$\Omega_{\text{LEB}} = \{\alpha(t) \in R^r : [\alpha(t) - \bar{\alpha}(t)] \leqslant \rho^2(t)\} \tag{3-39}$$

式中,$\bar{\alpha}(t)$是确定性向量函数,而$\rho^2(t)$是确定的能量界限。在很多情况下,可假定$\bar{\alpha}(t)=0$。局部能量界限凸集模型与积分能量界限凸集模型有很大的不同,Ω_{LEB}的元素可以是暂态变化的,甚至不需要有幅值限制,而Ω_{LEB}的元素在各个时刻是有限制的。

(4)椭球凸集模型。椭球凸集模型(The Ellipsoidal Convex Model),简称 ELP 模型

$$\Omega_{\text{ELP}} = \{\alpha(t) \in R^r : \alpha^T W \alpha \leqslant \theta^2\} \tag{3-40}$$

式中:α——要描述的不确定性参数;

W——加权矩阵;

θ——椭球的大小参数。

W,θ——表示不确定参数的不确定程度。

如果不确定性量α有一个非零主值(或均值)$\bar{\alpha}$,那么可用下面的偏移椭球模型描述:

$$\Omega_{\text{SELP}} = \{\alpha(t) \in R^r : [\alpha - \bar{\alpha}]^{\mathrm{T}} W [\alpha - \bar{\alpha}] \leqslant \theta^2\} \tag{3-41}$$

如果α是随时间变化的不确定性量,那么均匀加权的偏移椭球模型与局部能量界限凸集模型是一致的。

(5)包络界限凸集(EB)模型。包络界限凸集模型(The Envelope Bound Convex Model),简称 EB 模型。在不同时间,不确定量的幅值有不同的限制,即

$$\Omega_{\text{EB}} = \{\alpha(t) \in R^r : \bar{\alpha}_j(t) \leqslant \alpha_j(t)\ \underline{\alpha}_j(t), j = 1,\cdots,r\} \tag{3-42}$$

式中,$\bar{\alpha}_j(t)$和$\underline{\alpha}_j(t)$都是确定性函数。当$\bar{\alpha}_j(t)=-\underline{\alpha}_j(t)$时,$\Omega_{EB}$与局部能量界限凸集模型中$\bar{\alpha}(t)=0$的情况类似。

(6)频谱包络界限凸集模型(The Fourier Envelope Bound Convex Model),简称 FEB 模型。

$$\Omega_{\text{FEB}} = \{\alpha(t) \in R^r : |\alpha_{F.j}(\omega)| \leqslant \bar{\alpha}_{F.j}(\omega), j = 1,\cdots,r\} \tag{3-43}$$

其中

$$\alpha_F(\omega) = \frac{1}{2\pi}\int_{-\infty}^{\infty} \alpha(t) \mathrm{e}^{-i\omega t} \mathrm{d}t \tag{3-44}$$

$$\alpha(t) = \int_{-\infty}^{\infty} \alpha_F(\omega) \mathrm{e}^{i\omega t} \mathrm{d}\omega \tag{3-45}$$

式中:$|\alpha_{F.j}(\omega)|$——复函数$\alpha_{F.j}(\omega)$的模;

$\bar{\alpha}_{F.j}(\omega)$——确定的实函数。

以上介绍的几种凸集模型是在结构动力学分析中用到的模型。除此之外,还有界限导数凸集模型、响应谱包络界限凸集模型、限带宽均匀界限凸集模型等。这些凸集模型都各有优点,可按不同的不确定性变量来做相应的应用。

3.5　基于椭球模型的非概率可靠性

3.5.1　椭球模型的确立

由于非概率可靠性理论中存在区间和凸集合两种方法，但是两种方法并不是相互独立的，而是相互融合的。本方法就是以椭球集合为基础，将不确定变量视为区间变量，将其内接于椭球中，将椭球与失效凸集相比较以确定结构的安全程度，并提出非概率可靠性的评价指标。

椭球凸模型是凸集理论中最常用的模型之一，其一般表达式为

$$U(x,\alpha)=\{x:x^{\mathrm{T}}Wx\leqslant\alpha^2\}=\left\{x:\sum_{i=1}^{n}\frac{x_i-\overline{x_i}}{e_i^2}\leqslant\alpha^2\right\}\tag{3-46}$$

式中：e_i——椭球的半径轴，$i=1,2,\cdots,n$；

α——椭球的半径，$\alpha>0$，当 $\alpha=0$ 时凸集为一单元素集合；

x_i——变量的名义值。

e_i 和 α 一起表示不确定参数的不确定程度或变化范围。当 $\alpha\neq1$ 时，椭球可转化为 $\alpha=1$ 的椭球

$$U(x,a)=\left\{x:\sum_{i=1}^{n}\frac{x_i-\overline{x_i}}{e_i^2}\leqslant1\right\}\tag{3-47}$$

这时，结构参数的不确定参数程度或变化范围将由椭球的半轴 e_i 来描述。对于任意不确定参数 x 在某一区间内变化，则

$$x^l\leqslant x\leqslant x^u\tag{3-48a}$$

或

$$x_i^l\leqslant x_i\leqslant x_i^u,i=1,2,\cdots,n\tag{3-48b}$$

式中 x^l，x^u 分别为区间的下界和上界。

$$x^l=(x_i^l)_n,x=(x_i)_n,x^u=(x_i^u)_n$$

$$x^c=\frac{x^l+x^u}{2}\tag{3-49a}$$

或

$$x_i^c=\frac{x_i^l+x_i^u}{2},i=1,2,\cdots,n\tag{3-49b}$$

$$\Delta x=\frac{x^u-x^l}{2}\tag{3-50a}$$

或

$$\Delta x=\frac{x_i^u-x_i^l}{2},i=1,2,\cdots,n\tag{3-50b}$$

式中：Δx——不确定参量的不确定程度或变化范围。

则对不确定参数 x 中任意值可表示为

$$x = x^c + \delta, |\delta| < \Delta x \tag{3-51a}$$

或

$$x_i = x_i^c + \delta_i, |\delta_i| < \Delta x_i, i = 1,2,\cdots,n \tag{3-51b}$$

图 3-4 表示二维参数空间中各参数的位置关系。

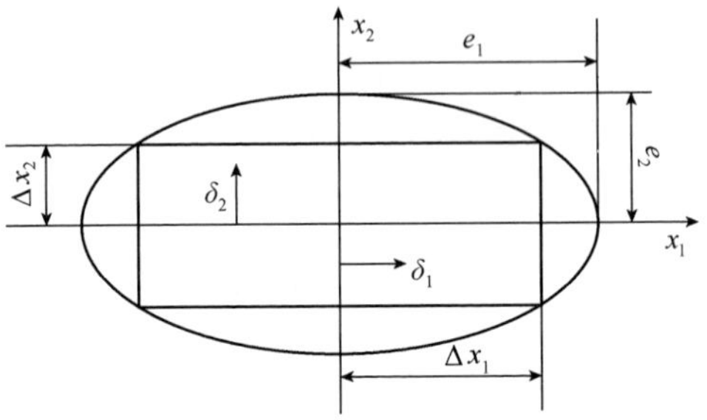

图 3-4　椭圆中各参数的关系

对于二维变量的变化范围是一个长方形如图 3-5 所示,对于二维以上的参数则是一个超长方体,图 3-6 是三维参数空间。

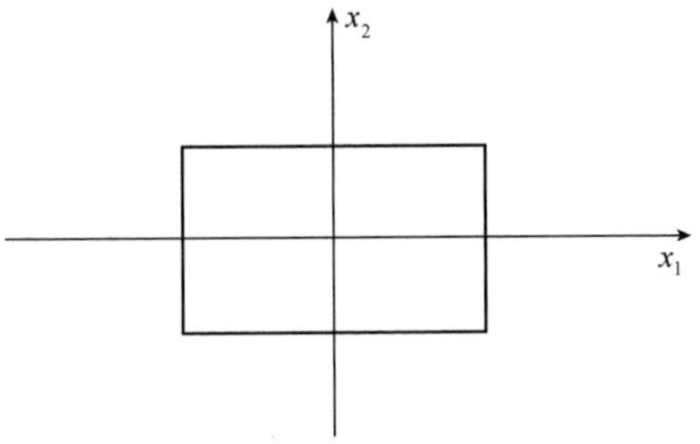

图 3-5　二维空间参数中长方形的表示

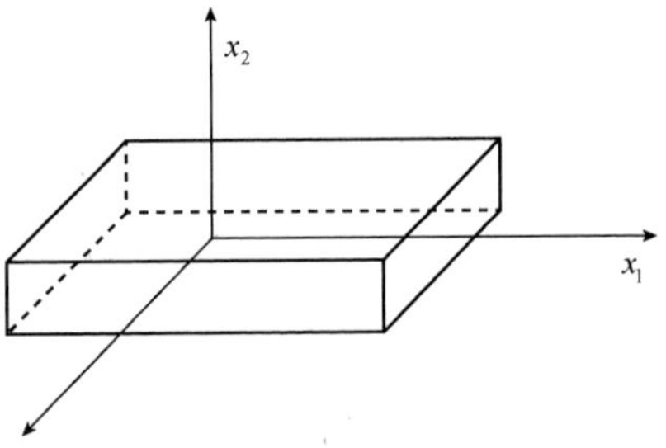

图 3-6　三维空间参数中长方体的表示

将这个矩形或超长方体内接于一个椭圆或椭球之内,让其在椭球之内变化。用一个体积最小的椭球将这个超长方体定量化(如果是二维变量,也可以按椭圆的面积最小原则),则椭球方程为

$$\sum_{i=1}^{n} \frac{\delta_i^2}{e_i^2} \leqslant 1 \tag{3-52}$$

式中:e_i——椭球的半径轴,$i=1,2,\cdots,n$。

确定椭球体积最小的关键是求出椭球的半轴 e_i,则椭球的体积为

$$V = M\prod_{i=1}^{n} e_i \tag{3-53}$$

式中:M——椭球的体积参数。

由式(3-52)表示的椭球和式(3-51b)表示的超长方体的外接椭球壳体为

$$\sum_{i=1}^{n} \frac{\Delta x_i^2}{e_i^2} = 1 \tag{3-54a}$$

现在问题转化成式(3-52)为约束条件,求椭球体积式(3-53)的最小值。

设 Lagrange 函数为

$$L(e_i) = M\prod_{i=1}^{n} e_i + \lambda\left(\prod_{i=1}^{n} \frac{\Delta x_i^2}{e_i^2} - 1\right) = Me_1e_2\cdots e_n + \lambda\left(\frac{\Delta x_1^2}{e_1^2} + \frac{\Delta x_2^2}{e_2^2} + \cdots + \frac{\Delta x_n^2}{e_n^2} - 1\right) \tag{3-54b}$$

式中:λ——Lagrange 乘子。

对半轴 e_i 分别求导,有

$$\begin{cases} \dfrac{\alpha L}{\alpha e_1} = M\prod\limits_{i=2}^{n} e_i - \dfrac{2\lambda\Delta x_1^2}{e_1^3} = 0 \\ \dfrac{\alpha L}{\alpha e_2} = M\prod\limits_{i\neq 2}^{n} e_i - \dfrac{2\lambda\Delta x_2^2}{e_2^3} = 0 \\ \cdots \\ \dfrac{\alpha L}{\alpha e_n} = M\prod\limits_{i=1}^{n-1} e_i - \dfrac{2\lambda\Delta x_n^2}{e_n^3} = 0 \end{cases},i = 1,2,\cdots,n \tag{3-55}$$

式(3-55)两端乘以相应的 e_i,并得到 n 个方程

$$\begin{cases} \dfrac{\alpha L}{\alpha e_1} = M\prod\limits_{i=2}^{n} e_i - \dfrac{2\lambda\Delta x_1^2}{e_1^3} = 0 \\ \dfrac{\alpha L}{\alpha e_2} = M\prod\limits_{i\neq 2}^{n} e_i - \dfrac{2\lambda\Delta x_2^2}{e_2^2} = 0 \\ \cdots \\ M\prod\limits_{i=1}^{n-1} e_i - \dfrac{2\lambda\Delta x_n^2}{e_n^2} = 0 \end{cases},i = 1,2,\cdots,n \tag{3-56}$$

式(3-56)写成 n 个方程和的形式为

$$nV - 2\lambda\left(\sum_{i=1}^{n} \frac{\Delta x_i^2}{e_i^2}\right) = nV - 2\lambda\left(\frac{\Delta x_1^2}{e_1^2} + \frac{\Delta x_2^2}{e_2^2} + \cdots + \frac{\Delta x_n^2}{e_n^2}\right) = 0 \tag{3-57}$$

将式(3-52)代入式(3-57)得

$$\lambda = \frac{n}{2}V \tag{3-58}$$

将式(3-58)代入式(3-55)得

$$e_i = \Delta x_i\sqrt{n} \tag{3-59}$$

则包含不确定参数的体积最小的椭球为

$$\sum_{i=1}^{n} \frac{\delta_i^2}{(\Delta x_i\sqrt{n})^2} \leqslant 1 \tag{3-60}$$

3.5.2 非概率可靠性指标

设 $g(x)$ 为结构的状态方程,当 $g(x)=0$ 时为极限状态。状态方程经过转化变为 $g(\delta)=$

0,称超曲面 $g(\delta)=0$ 为失效面。它将结构的基本参量空间分为失效域 $\Omega^f=\{\delta:g(\delta)<0\}$ 和安全域 $\Omega^f=\{\delta:g(\delta)>0\}$ 两部分。

将 η 作为衡量可靠程度的指标,η 定义为按无穷范数 $\|g\|_\infty$ 度量的从椭球的壳体 $U(x,a)=\{x:\sum_{i=1}^{n}[(x_i-\overline{x_i})/(\alpha e_i)^2]=1\}$ 到失效面的最短空间距离。

当 $\eta=0$ 时,失效区域与可行区域相交,且仅有一个交点时,结构处于可靠与不可靠的"临界"状态。当 $\eta<0$ 时,η 没有任何意义,所以 η 得取值范围是 $\eta\geqslant0$。所以当 $\eta>0$,失效区域与基本区间变量的取值区域不相交,则结构是可靠的。η 越大,失效区域离可行区域就越"远",不确定参量的变化范围也越大,其稳健性就越好。

对于多维变量,可将非概率可靠性指标定义为

$$\eta=\min(\|\delta\|_\infty),g(x)=g(\delta)=0 \tag{3-61}$$

[例3] 某中吨位货车转向直拉杆是受拉压载荷作用的管形截面构件,其内径和外径分别为 $d_0=25\text{mm}$,$d_1=35\text{mm}$,材料拉伸强度 δ,载荷 Q。试确定该拉杆的可靠度。$\delta\in[385,415]\text{MPa}$,$Q\in[161.8891,179.8891]\text{kN}$。

则功能方程为

$$M=(400+\delta_s)-\frac{20(171+\delta_Q)}{3\pi}=0$$

椭球壳体方程为

$$\frac{\delta_s^2}{450}+\frac{\delta_Q^2}{162}=1$$

则解得非概率可靠性指标为

$$\eta=1.1027$$

[例4] 如图3-7所示的悬臂梁,在固定端为 b_1、b_2 处分别作用两个集中荷载 p_1、p_2。假定当 $|m_{\max}|\geqslant m_{cr}$ 时发生失效。m_{cr} 为临界极限弯矩,$m_{\max}$ 为梁中弯矩的最大值。设基本区间变量为:$p_1\in[4.4,5.6]\text{kN}$,$p_2\in[1.7,2.3]\text{kN}$,$b_1\in[1.8,2.2]\text{m}$,$b_2\in[4.5,5.5]\text{m}$,$m_{cr}\in[32,40]\text{kN}\cdot\text{m}$,则功能方程为

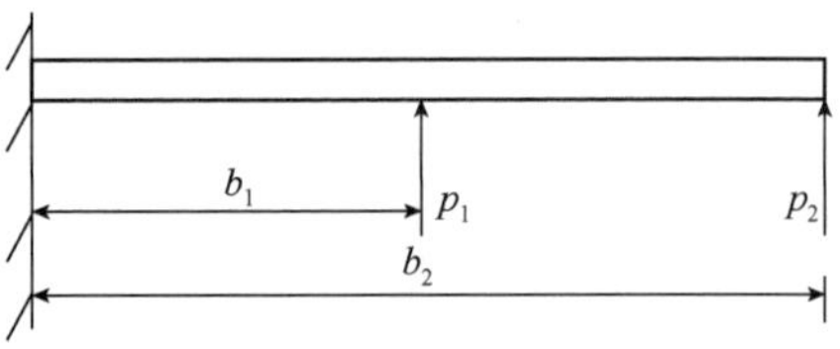

图 3-7 悬臂梁

$$M=m_{cr}-p_1b_1-P_2b_2=(36+\delta_{m_{cr}})-(5+\delta_{p_1})(2+\delta_{b_1})-(2+\delta_{p_2})(5+\delta_{b_2})=0$$

椭球壳体方程为

$$\frac{\delta_{m_{cr}}^2}{80}+\frac{\delta_{p_1}^2}{1.8}+\frac{\delta_{b_1}^2}{0.2}+\frac{\delta_{p_2}^2}{0.45}+\frac{\delta_{b_2}^2}{1.25}=1$$

解得非概率可靠性指标

$$\eta=0.6514$$

第4章 岩土工程参数的盲数测度分析

4.1 概率统计方法

现行的岩土参数分析和选定方法均是采用《岩土工程勘察规范》(50021—2001)上所规定的概率统计方法,其具体规定如下:

(1)岩土的物理力学指标,应按场地的工程地质单元和层位分别统计,并按下列公式计算平均值、标准差和变异系数

$$\varphi_m = \frac{\sum_{i=1}^{n} \varphi_i}{n} \tag{4-1}$$

$$\sigma_f = \sqrt{\frac{1}{n-1}\left[\sum_{i=1}^{n} \varphi_i^2 - \frac{\left(\sum_{i=1}^{n} \varphi_i\right)^2}{n}\right]} \tag{4-2}$$

$$\delta = \frac{\sigma_f}{\varphi_m} \tag{4-3}$$

式中:φ_m——岩土参数的平均值;

σ_f——岩土参数的标准差;

δ——岩土参数的变异系数。

(2)岩土参数的标准值 φ_k 按下列方法确定

$$\varphi_k = \gamma_s \varphi_m \tag{4-4}$$

$$\gamma_s = 1 \pm \left\{\frac{1.074}{\sqrt{n}} + \frac{4.678}{n^2}\right\}\delta \tag{4-5}$$

式中:γ_s——统计修正系数。式中的正负号按不利组合考虑,如抗剪强度指标的修正系数应取负值。

规范方法即常规均值法,从概率统计学的角度讲,如果定义样本容量 n 趋向于无穷大时的均值 φ_m 为真值 φ_0,此时有 $\varphi_m=\varphi_0$。由概率统计学的知识可知,样本容量 n 的大小会影响所计算出的样本均值 φ_m 对真值的代表性。换句话说,当样本容量较大时可以认为用均值 φ_m 来代表真值有足够的保证率 φ_0,此时 $\varphi_m \approx \varphi_0$;但是当样本容量较小时,就不能认为可以用样本均值 φ_m 来近似代表真值 φ_0。下面举一个工程实例来说明此问题。

邯郸市紫薇苑小区工程,采用 CFG 桩,设计桩径 400mm,有效桩长 17.0m,根据场地勘察资料,在桩长范围内场地岩土层分为6层。图4-1为该场区44号孔的双桥探头静力触探试验曲线。现在要用双桥探头静力触探资料确定 CFG 桩的单桩竖向极限承载标准值。

根据《建筑桩基技术规范》(JGJ 94—2008)规定,当有双桥探头静力触探资料时,可用下

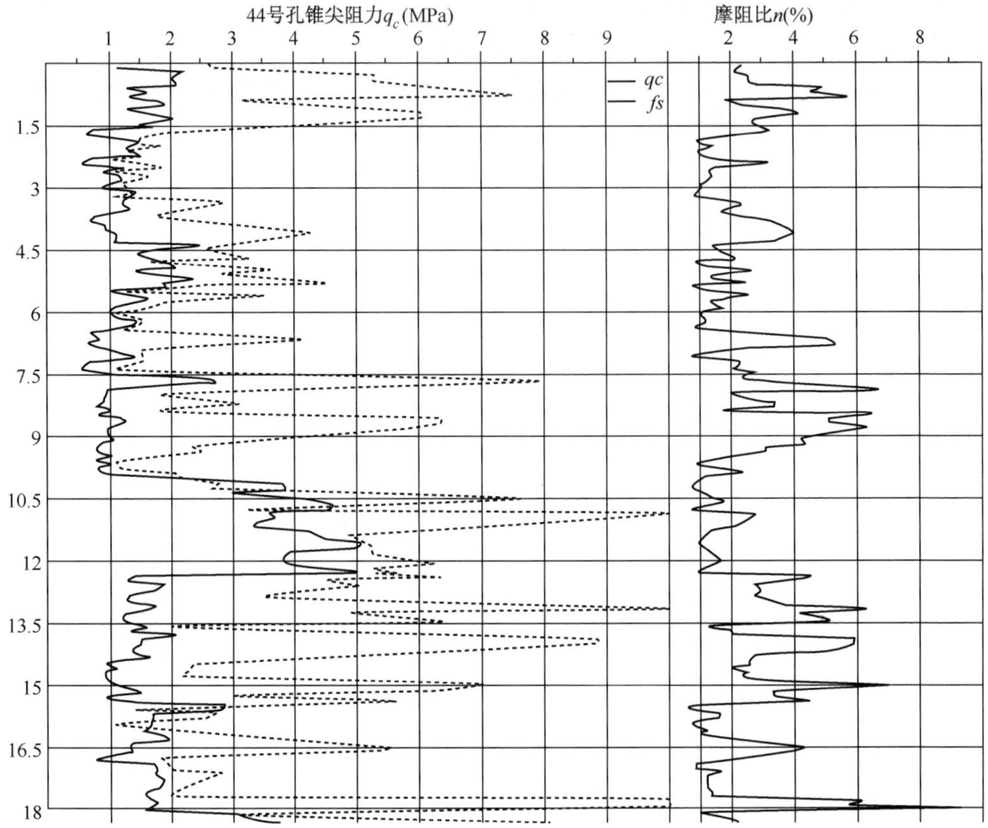

图 4-1　44 号孔双桥探头静力触探试验曲线

式估算混凝土预制桩单桩竖向极限承载力标准值

$$Q_{uk}=Q_{sk}+Q_{pk}=u\sum l_i\cdot\beta_i\cdot f_{si}+\alpha\cdot q_c\cdot A_p \tag{4-6}$$

式中：u——桩身周长；

l_i——桩周第 i 层土的厚度；

A_p——桩端面积；

f_{si}——第 i 层土的探头平均侧阻力，kPa；

q_c——桩端平面上、下探头阻力，取桩端平面以上 $4d$（d 为桩的直径或边长）范围内的按土层厚度的探头主力加权平均值（kPa），然后再和桩端平面以下 $1d$ 范围内的探头阻力进行平均；

α——桩端主力修正系数，对于黏性土、粉土取 2/3，饱和砂土取 1/2；

β_i——第 i 层土桩侧主力综合修正系数，黏性土、粉土：$\beta_i=10.04\,(f_{si})^{-0.55}$；砂土：$\beta_i=5.05(f_{si})^{-0.45}$。

根据工程实际情况，可以将式(4-6)作以下改写

$$Q_{uk}=Q_{sk}+Q_{pk}=u\sum_{i=1}^{6} l_i\cdot\beta_i\cdot f_{si}+\alpha\cdot q_c\cdot A_p \tag{4-7}$$

其中，确定每一个土层的探头平均侧阻力 f_{si} 是关键。以第一层土为例，通过在 44 号孔

第一土层的埋深范围内取等距的 160 个静力触探侧摩阻力数据,计算得其均值为 49.87kPa,由于样本容量较大,可以认为这个均值就是 f_{si} 的真值。再将所有数据随机分成 32 组,每组 5 个数据,即每一组数据为一个小样本。求取每组小样本的传统均值,如表 4-1 所示。

小样本传统均值　　　表 4-1

组号	常规均值	组号	常规均值	组号	常规均值	组号	常规均值
1	58.205	9	52.031	17	48.364	25	45.128
2	50.787	10	51.395	18	55.975	26	53.441
3	55.620	11	48.502	19	39.406	27	57.604
4	47.319	12	48.912	20	42.955	28	59.078
5	53.438	13	43.485	21	60.461	29	58.485
6	42.517	14	53.814	22	39.716	30	54.833
7	43.639	15	43.972	23	38.349	31	48.776
8	41.649	16	54.506	24	54.579	32	48.804

由表 4-1 可见,32 个小样本的均值里有 16 个大于真值 49.87kPa,表明如果在小样本的情况下仍用均值作为参考,则所取设计参数值的保证率只有 50%。如果将这样的值用于实际工程,会对工程造成很大的安全隐患。

由于在测定岩土的力学参数时,取样的位置和样本的多少都受主观行为的影响,并且受各方面的制约,所以所测定的试验数据具有有限性和未确知性的特点。有限性是指对岩土某一岩土指标参数测定的次数是有限的,并且受试验条件和经济条件限制,所以所测得的数据往往是离散的,而且大多情况下都只能得到小样本。未确知性是指由于岩土是不均匀的,随空间变异很大,故其力学特性十分复杂,不能以某些点代表整个区域的状态和特征,这也使得所测定的数据很难全面反映区域的总体状态。所以在这种情况下,需要用更合理的方法对设计参数值进行合理考虑。

4.2　参数区间内代表值及可信度分析

一般情况下土木工程人员并不特别关心众多样本值(盲数形式)中的某一特定值 x_i 的传统意义上的可信度 α_i,他们需要知道的是这一特定值 x_i 与设计标准值 x_0 的关系,因为设计标准值 x_0 才是评价所选设计参数安全与否的临界标准。当所选设计参数小于标准值 x_0 时,设计结果评定为安全,而当所选设计参数大于标准值 x_0 时,设计结果评定为不安全。

现行规范涉及到设计标准值 x_0 大致可分为两类:一类为以所有样本值中的最小值为设计标准值 x_0,如钢筋的抗拉强度,一般是取试验测定抗拉强度值的最小值作为抗拉强度标准值。所以对这类可能设计值的可信度度量都应以所有样本值中的最小值为标准。现作如下定义:

设一个工程参数样本空间的所有元素构成盲数 $A=f(x)$,将 A 的可能值按从小到大排列,得到序列 $x_1,x_2,\cdots,x_l$,易知此时 $x_1=x_0$,将 $f(x)$ 的 x_i 值的可信度定义为

$$F(x)=1-[f(x_1)+f(x_2)+\cdots+f(x_i)],x=x_i(i=1,2,\cdots,l) \tag{4-8}$$

当要从这一类工程参数的可能值中选取设计标准值 x_0 代表值时,一般应选择可信度较

高的可能值,如果选取可信度为95%左右的可能值作为设计标准值 x_0 的代表值,则该代表值的安全性就为95%。

另一类则定义在样本足够大的条件下取样本的均值(真值)为设计标准值 x_0,如各种岩土参数就是取各试验样本值的均值,故对这类样本值的可信度进行度量时,应以真值为标准,相应地可以这样定义样本值的可信度:

设一个工程参数的真值为 x_m,试验测得的工程参数样本空间的所有元素构成盲数 $A=f(x)$,将 A 的可能值按从小到大排列,得到序列 $x_1,x_2,\cdots,x_m,x_{m+1},\cdots,x_n$,将 $f(x)$ 的 x_i 值的可信度定义为

$$F(x)=\begin{cases}1+[f(x_i)+f(x_{i+1})+\cdots+f(x_{m-1})], x=x_i<x_m(i=1,2,3,\cdots,m-1)\\1-[f(x_{m+1})+f(x_{m+2})+\cdots+f(x_i)], x=x_i>x_m(i=m+1,m+2,\cdots,n)\end{cases}\tag{4-9}$$

容易看出,用式(4-9)进行计算时会出现可信度大于100%的情况。一般认为在这种类型的工程参数分析中可信度大于100%表示参数偏于保守,其值越大表示越保守;反之可信度小于100%表示参数偏于危险,值越大表示危险性越大。当要从这一类工程参数中选取设计参数代表值时,应当遵循两个原则:一个原则是所选取的设计参数代表值的可信度应当小于100%,这样才会使结构设计具有足够的安全性;第二原则是所选设计参数代表值的可信度应当尽量接近100%,这样才不至于因为选取的设计参数过于保守而造成材料和经济上的浪费。

4.3 案例分析

首先,还是以上面44号孔的第一土层的锥侧阻力为例。首先将160个静力触探侧摩阻力数据进行统计分析,其频次分布如图4-2所示。可见样本服从正态分布,通过计算求得其标准差为12.23,95%的置信区间为[47.97,51.76]。

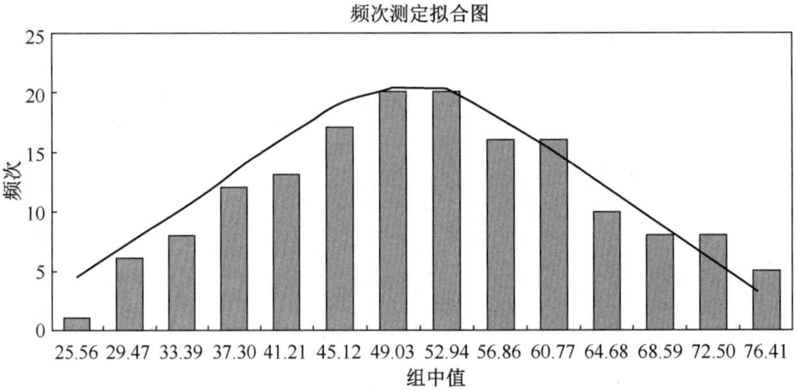

图4-2 频次分析

表4-2为各小样本均值所对应的可信度,可见均值的可信度波动很大,大多数均值的可信度不是大于110%过于保守就是可信度小于90%不安全,这说明在小样本下以均值作为设计参考值是不合理的。表4-3是按《岩土工程勘察规范》(GB 50021—2001)中规定的方法对均值进行折减所求得的标准值及对应的可信度,从表中可以看到,32个标准值就有5个大于真值,保证率还不到85%,而且根据各标准值的可信度判断,小于真值的27个标准值里大多

数都过于保守,所以在小样本下用规范方法求得的标准值作为设计参考值也不尽合理。表 4-4 中列出了由 32 个小样本得出的 32 个侧摩阻力区间。由表中数据可知,32 个侧摩阻力区间中有 26 个真包含 95%的置信区间,保证率为 81.25%。32 个侧摩阻力区间有 30 个包含真值,保证率为 93.75%。表 4-4 还列出了各小样本侧摩阻力区间的可信度范围,从表中看出,由各样本所确定的 32 个区间中有 30 个都包含具有合适可信度的数据,保证率为 93.75%。

均 值 可 信 度　　表 4-2

组号	均值	可信度	组号	均值	可信度
1	58.205	74.76%	17	48.364	104.89%
2	50.787	97.00%	18	55.975	80.87%
3	55.620	81.90%	19	39.406	130.39%
4	47.319	108.25%	20	42.955	121.41%
5	53.438	88.51%	21	60.461	69.31%
6	42.517	122.62%	22	39.716	129.68%
7	43.639	119.48%	23	38.349	132.69%
8	41.649	124.93%	24	54.579	85.00%
9	52.031	92.98%	25	45.128	115.08%
10	51.395	95.03%	26	53.441	88.50%
11	48.502	104.44%	27	57.604	76.34%
12	48.912	103.11%	28	59.078	72.56%
13	43.485	119.92%	29	58.485	74.04%
14	53.814	87.34%	30	54.833	84.23%
15	43.972	118.52%	31	48.776	103.56%
16	54.506	85.22%	32	48.804	103.46%

标准值及其可信度　　表 4-3

组号	标准值	可信度	组号	标准值	可信度
1	51.097	95.99%	17	42.880	121.62%
2	43.364	120.26%	18	46.379	111.23%
3	53.781	87.44%	19	32.388	142.36%
4	43.918	118.67%	20	36.457	136.36%
5	45.864	112.83%	21	52.739	90.71%
6	35.527	137.96%	22	32.156	142.63%
7	36.580	136.14%	23	33.747	140.63%
8	36.586	136.13%	24	45.365	114.37%
9	42.461	122.77%	25	38.513	132.35%
10	43.950	118.58%	26	40.493	127.84%
11	40.642	127.47%	27	48.004	106.06%
12	38.585	132.20%	28	50.999	96.31%
13	38.440	132.50%	29	55.214	83.09%
14	46.624	110.46%	30	45.343	114.43%
15	32.107	142.68%	31	38.462	132.46%
16	46.212	111.75%	32	43.171	120.80%

小样本侧摩阻力区间及所对应的可信度范围　　表 4-4

下限值	上限值	可信度上限	可信度下限
43.491	72.351	119.90%	53.30%
38.301	67.455	132.79%	57.51%
52.841	59.103	90.39%	72.50%
41.364	51.837	125.66%	93.60%
44.495	72.953	116.98%	52.95%
28.505	54.728	145.97%	84.55%
33.486	56.695	140.99%	78.83%
29.509	47.866	145.21%	106.50%
28.943	65.970	145.65%	59.39%
39.265	64.445	130.71%	61.66%
32.576	61.034	142.14%	68.05%
30.552	71.990	144.29%	53.52%
32.442	52.762	142.30%	90.64%
42.328	67.014	123.13%	58.04%
25.563	73.314	147.66%	52.76%
34.542	65.449	139.50%	60.12%
39.358	57.698	130.50%	76.09%
36.428	74.077	136.42%	52.38%
26.729	49.594	147.08%	100.89%
27.970	52.240	146.34%	92.30%
49.190	74.358	102.21%	52.26%
32.535	59.705	142.19%	71.05%
31.475	48.789	143.38%	103.51%
37.378	71.067	134.65%	54.15%
34.542	60.425	139.50%	69.39%
26.499	71.428	147.20%	53.89%
33.539	70.425	140.92%	54.63%
47.899	75.040	106.39%	51.97%
54.126	64.198	86.38%	62.06%
31.572	69.422	143.27%	55.49%
27.542	68.017	146.61%	56.88%
37.431	60.387	134.55%	69.48%

在工程实践中,如果仅参考表 4-3 所示的侧摩阻力区间进行承载力核算或安全指标计算,则设计人员很难把握计算结果的可靠程度,所以就需要对原有区间进行优化。为了使优化后的区间具有合适的可信度范围,便于工程设计人员考虑,故提出以下优化方法:求取各

个小样本的 95%置信区间下限值作为优化区间下限,求取各个小样本的 80%置信区间下限作为优化区间上限,如表 4-5 所示。这样既能保证所得区间整体不会太小,又能使在该区间任取一值时该值不大于真值的保证率 90%。

优化区间及区间的可信度范围　　表 4-5

区间下限	区间上限	可信度上限	可信度下限
44.981	49.469	115.53%	101.30%
36.977	43.161	135.41%	120.83%
52.199	53.731	92.43%	87.60%
40.991	43.825	126.61%	118.94%
39.347	45.657	130.52%	113.47%
29.513	35.336	145.20%	138.27%
30.507	36.387	144.33%	136.49%
32.230	36.447	142.54%	136.38%
34.227	42.199	139.96%	123.47%
37.544	43.747	134.33%	119.17%
33.881	40.428	140.45%	128.00%
29.700	38.302	145.05%	132.79%
34.100	38.302	140.14%	132.79%
40.439	46.428	127.97%	111.08%
21.900	31.783	148.89%	143.05%
39.075	45.985	131.13%	112.46%
38.162	42.730	133.08%	122.03%
38.124	46.117	133.16%	112.05%
26.350	32.196	147.28%	142.58%
30.867	36.280	143.99%	136.68%
46.096	52.528	112.11%	91.38%
25.652	31.950	147.62%	142.86%
29.789	33.622	144.97%	140.80%
37.438	45.113	134.53%	115.13%
32.822	38.332	141.84%	132.73%
29.353	40.139	145.33%	128.69%
39.744	47.741	129.62%	106.90%
44.048	49.573	118.29%	100.96%
52.399	55.124	91.79%	83.36%
37.178	45.083	135.03%	115.22%
29.589	38.180	145.14%	133.04%
38.325	43.017	132.74%	121.24%

实际,由表4-4可知,在32个小样本的优化区间中有29个可信度下限大于100%,说明在这些区间中任意取值均不会大于真值(是偏于安全的),保证率为90.625%。设计人员可以根据不同的工程需要在合理的可信度下取值,如果工程安全等级要求较高,则可选用区间中可信度较高的参数值为代表值;如果工程安全等级要求较低,则可选用区间中可信度较高的参数值为代表值。这样就能综合考虑工程安全的要求和经济效益的要求,在两者之间找到最优平衡点。

4.4 工程概况

唐山至曹妃甸高速公路(以下简称唐曹高速公路)位于河北省东北部,路线走廊总体呈西北—东南走向,起于唐津高速公路与唐山西外环高速公路交叉处的丰南枢纽互通立交,途经丰南区、南堡开发区、唐海县、南堡盐场,终止于曹妃甸北环公路。主线长63.673km,连接线长1.309km。主线采用双向六车道高速公路标准设计,设计时速120 km/h,路基宽度34.5m;全线共设互通式立交5座,分离式立交8座,天桥6座,特大桥1座,大桥9座,中桥33座,小桥30座,通道17座。

公路通过地区的地层均为第四系全新统Q_{mc+m}^{4},其成因为滨海相沉积层。由于全线地下水埋藏较浅,表层大多为黏性土,毛细水上升高度较高,加之该地区有冻胀影响,极易造成盐分在地表聚集,当路堤较低时,随着时间的推移极易盐渍化。公路经过地区出露的地层有亚黏土、亚砂土、黏土、淤泥质亚黏土及淤泥质黏土、粉砂、细砂、中砂等。

本次初步设计阶段,采取综合的工程地质勘察方法和手段,以工程地质测绘、地质钻探、双桥静力触探、地质探坑、室内试验相结合的方法,根据土体在水平方向和垂直方向的物理、力学特性,按工程地质特征将土体主要分为以下几层

(1)黏土:褐黄色,呈硬塑状态,土质均匀,切面光滑,见锈染,层厚0.5 ~4.8m,其物理、力学指标为:$\omega=33.2\%$,$e=0.924$,$I_L=0.28$,$a_{1-2}=0.44\text{MPa}^{-1}$,$E_s=4.3\text{MPa}$,$c=31\text{kPa}$,$\varphi=8.9°$,$[\sigma_0]=140\text{kPa}$,$\tau_i=30\text{kPa}$,该层为硬壳层。

(2)淤泥质亚黏土:灰黑色-灰色,呈软塑至流塑状,土质均匀,切面光滑,含有有机质及小贝壳,厚度8.2~11.2m,呈透镜体状分布,其物理、力学指标为:$\omega=29.3\%\sim34.0\%$,$e=0.911\sim1.045$,$I_L=0.58\sim0.66$,$a_{1-2}=0.58\sim0.66\text{MPa}^{-1}$,$E_s=3.0\sim3.3\text{MPa}$,$q_c=0.42\text{MPa}$,$[\sigma_0]=80\sim100\text{kPa}$,$\tau_i=20\sim25\text{kPa}$。该层为不良地质体,可采用水泥搅拌桩或高压旋喷处理,其处理深度不小于12.5m。

(3)粉砂:灰色,中密,饱和,砂质不均匀,以石英、长石为主,含云母,厚度1.0~2.0m,$N=14.0\sim14.5$击,$[\sigma_0]=180\text{kPa}$,$\tau_i=30\text{kPa}$。从各项指标看,该层不属于液化层。

(4)细砂:褐色,中密,饱和,砂质不纯,成分以石英长石为主,见锈染,局部含黏粒,磨圆度中等,厚度1.0~5.9m,$N=16.8\sim18.0$击,$[\sigma_0]=180\sim200\text{ kPa}$,$\tau_i=40\text{kPa}$。该层为良好地基层,对工程建设有利。

(5)亚黏土:褐黄色,硬塑状态,土质均匀,切面光滑,具有亚砂土薄层,厚度3.0~4.0m,其物理、力学指标为:$\omega=16.0\%\sim16.8\%$,$e=0.503$,$IL=0\sim0.12$,$a_{1-2}=0.22\sim0.28\text{MPa}^{-1}$,$E_s=5.2\sim6.8\text{MPa}$,$[\sigma_0]=220\text{kPa}$,$\tau_i=45\text{kPa}$。该层为良好地基层。

(6)软弱土(亚黏土):褐黄色,软塑,土质均匀,切面光滑,见锈染及少量姜石,夹黏土薄层,厚度 4.5~4.9m,其物理、力学指标分别为:$\omega=15.9\%\sim29.0\%$,$e=0.998$,$I_L=0.75\sim0.93$,$a_{1-2}=0.3\sim0.45\text{MPa}^{-1}$,$E_s=4.2\sim6.5\text{MPa}$,$c=29\sim31\text{kPa}$,$\varphi=4.8°\sim14.0°$,$[\sigma_0]=140\text{kPa}$,$\tau_i=35\text{kPa}$。该层埋深已达 21.0m 以下,仍属于软弱层。该区段存在不良地质体,应采用水泥搅拌桩处理。

由于工程工期紧,施工速度过快,填土速率未得到有效控制,施工中曾多次发生过路堤纵向开裂及滑塌。在南堡互通 AK0+855—AK0+955 段路基沉陷,经现场实测,沉陷路基长 100m,最大沉陷高度 1.7m,最大裂缝宽 1.4m。沉陷主要表现为路基左侧向下沉陷,并导致向外侧滑移,路基左侧原地面有裂缝和起拱现象,但不明显;而路基右侧无明显的沉陷和裂缝。K39+790~K39+920 段路基滑塌,滑塌路基最大坍塌高度达 2.3m,两侧便道向外侧滑移达 3.3m,施工便道及外侧苇塘均向上涌起 1.0m,K39+900 涵洞中间沉降缝发生开裂,最大缝宽约 40cm,涵洞墙身发生扭曲变形,涵洞八字墙开裂。由此可见,合理考虑路基设计参数十分重要。

4.5　路基设计参数分析

在唐曹高速公路工程中,试验室所测定的土层参数(如密度、孔隙率、液性指数、压缩模量、黏聚力和内摩擦角等)都是小样本。对于同一土层,如含水率、密度、孔隙率、液性指数等物理指标变化不大,因而可以认为这些参数的传统均值是有足够代表性的,可以作为设计参数;但是同一土层内的压缩模量,黏聚力和内摩擦角等力学性能指标则有较大的空间变异性,因而用传统的求均值的方法考虑这些参数的代表值显然是不合理的。用第 3 章的分析结论对小样本数据进行分析计算可以得出具有合理可信度的代表值区间,并能适应不同工程的需要。下面就分标段给出唐曹高速路基力学性能参数的代表值参考区间。

4.5.1　1 区:K9+461.332~K12+700 路段

该路段长度 3238.668m,该分区微地貌形态属于冲、洪积平原区,地势开阔,稍有起伏,地面高程在 0.6~3.9m,地下水一般为深层地下水,根据地质钻探、标准贯入试验、双桥静力触探实验及室内试验结果,按其物理、力学特征主要划分为三层。

(1)亚黏土:黄褐色、灰色,土质较均匀,切面光滑,呈硬塑状态,含黏土块及小姜石,厚度 1.6~3.6m,其物理、力学指标为:$\omega=20.9\%\sim29.6\%$,$e=0.676\sim0.911$,$I_L=0.48\sim0.68$,$a_{1-2}=0.32\sim0.58\text{MPa}^{-1}$,$E_s=3.2\sim5.1\text{MPa}$,$[\sigma_0]=160\sim200\text{kPa}$,$\tau_i=35\sim40\text{kPa}$。

(2)粉细砂:浅灰色,中密、潮湿,砂质不纯净,成分以石英、长石为主,含有黏粒,局部夹有亚砂土薄层,厚度 8.10 ~9.70m,$N=12.5\sim22.0$ 击。该砂层处于潮湿饱和状态,但其标贯击数大于临界击数。故该区段不存在砂土液化问题,且该层为良好地基层,对公路建设有利。

(3)亚黏土:灰褐色,灰黑色,呈软塑状态,土质均匀,切面光滑,含少量有机质,具有粉砂薄层,厚度 1.50~4.70m,其物理、力学指标为:$\omega=24.0\%\sim25.1\%$,$e=0.635\sim0.721$,$I_L=0.12\sim0.59$,$a_{1-2}=0.28\sim0.36\text{MPa}^{-1}$,$E_s=4.4\sim5.9\text{MPa}$,$[\sigma_0]=150\sim180\text{kPa}$,$\tau_i=35\sim40\text{kPa}$。

该区内部存在不良地质体，仅第一层亚黏土孔隙比较大，当有附加应力作用时，易产生沉降，第二层为砂性土，对工程建设有利。

地质勘察阶段，该路段分布钻探孔 40 个，部分勘察统计数据如表 4-6 和表 4-7 所示。

K9+461.332～K12+700 勘察统计数据 表 4-6

层号	①$_1$	①$_2$	③$_1$	③$_2$	③$_3$	④$_1$	④$_2$
土质	亚黏土	亚黏土	亚黏土	亚黏土	亚黏土	亚黏土	亚黏土
平均层厚(m)	1.8	2.0	3.5	2.7	2.4	5.5	2.2
标贯数量	46	53	96	51	61	192	63
试验土样数量	55	62	106	83	73	167	66

K9+461.332～K12+700 路段路基力学性能参数 表 4-7

层号	指标	黏聚力 C	内摩擦角 φ	压缩模量 E_s
①$_1$	样本数	55	55	55
	均值	38.6	24.3	4.92
	标准差	10.3	4.8	1.65
	变异系数	0.27	0.20	0.337
	标准值	33.2	21.7	4.56
	代表值区间	[25.8,31.5]	[18.2,20.9]	[3.73,4.19]
①$_2$	样本数	62	62	62
	均值	30.2	21.8	4.30
	标准差	14.4	4.4	1.16
	变异系数	0.48	0.20	0.269
	标准值	22.6	19.5	4.05
	代表值区间	[12.3,20.3]	[16.3,18.8]	[3.48,3.80]
③$_1$	样本数	106	106	106
	均值	38.8	13.7	4.36
	标准差	9.8	9.0	0.67
	变异系数	0.25	0.66	0.154
	标准值	33.6	8.9	4.21
	代表值区间	[26.7,32.1]	[2.4,7.5]	[3.87,4.06]
③$_2$	样本数	83	83	83
	均值	25.6	24.6	6.81
	标准差	17.1	7.4	1.65
	变异系数	0.67	0.30	0.242
	标准值	16.6	20.7	6.45
	代表值区间	[4.4,13.9]	[15.4,19.5]	[5.63,6.09]

续上表

层号	指标	黏聚力 C	内摩擦角 φ	压缩模量 E_s
③$_3$	样本数	73	73	73
	均值	20.8	27.3	7.32
	标准差	7.6	9.8	2.34
	变异系数	0.36	0.36	0.320
	标准值	16.8	22.1	6.81
	代表值区间	[11.4,15.6]	[15.1,20.6]	[5.65,6.30]
④$_1$	样本数	167	167	167
	均值	32.8	16.6	6.48
	标准差	15.2	6.5	1.88
	变异系数	0.46	0.39	0.289
	标准值	24.8	13.2	6.08
	代表值区间	[13.9,22.4]	[8.6,12.2]	[5.14,5.66]
④$_2$	样本数	66	66	66
	均值	35.4	16.7	7.20
	标准差	16.5	10.7	1.81
	变异系数	0.47	0.64	0.251
	标准值	26.7	11.0	6.81
	代表值区间	[14.9,24.1]	[3.4,9.3]	[5.91,6.41]

注：表中标准值是按照《岩土工程勘察规范》计算所得，代表值区间是根据上节分析结论计算所得。

4.5.2　2 区：K12+700～K13+500 路段

该路段长度 800m。该分区微地貌形态属于滨海相沉积的平原区，地势开阔平坦，稍有起伏，沟渠纵横交错，地面高程范围为 2.56～2.84m，地下水一般埋深范围为 0.6～1.0m，属于咸水，生活用水一般为深层地下水。根据地质钻探、标准贯入试验、双桥静力触探试验及室内试验结果，按其物理、力学特征主要划分为 4 层。

（1）亚黏土：褐色、灰色，呈硬塑状态，土质均匀，切面光滑，含少量有机质，偶见钙质结核，厚度 1.5～1.80m，其物理、力学指标为：$\omega=18.4\%\sim26.6\%$，$e=0.703\sim0.829$，$I_L=0\sim0.27$，$a_{1-2}=0.17\sim0.19\text{MPa}^{-1}$，$E_s=8.9\sim10.4\text{MPa}$，$[\sigma_0]=160\sim180\text{kPa}$，$\tau_i=34\sim40\text{kPa}$。该层为硬壳层。

（2）淤泥质亚黏土：灰黑色，软塑，土质均匀，切面光滑，含少量有机质及小贝壳，呈透镜体状出露，个别孔呈薄层状，厚度 1.4～3.5m，最大埋深至 5.4m。其物理、力学指标为：$\omega=27.9\%$，$e=0.915$，$I_L=0.58$，$a_{1-2}=0.47\text{MPa}^{-1}$，$q_c=0.58\text{MPa}$，$[\sigma_0]=100\text{kPa}$，$\tau_i=25\text{kPa}$。该层为不良地质体，应采取水泥搅拌桩或预压处理，处理深度不小于 5.40m。

（3）亚黏土：灰褐色、浅灰色，土质不均匀，切面较光滑，含有砂粒，呈软塑状态，厚度 1.2～2.5m，其物理、力学指标为：$\omega=24.3\%\sim29.3\%$，$e=0.752\sim0.864$，$I_L=0.47\sim0.72$，$a_{1-2}=0.41\sim$

$0.43MPa^{-1}$，E_s=4.1～6.4MPa，[σ_0]=160～180kPa，τ_i=35～40kPa。

(4)粉砂：浅灰色，中密，饱和，砂质不纯，成分以石英、长石为主，含黏粒，厚度3.00～3.50m，N=10.0～11.0击，q_c=22.83MPa，[σ_0]= 180kPa，τ_i=30kPa。该层砂土虽达到饱和状态，但按其标贯击数可知，其大于临界指标，不属于液化层，对工程建设有利。

该区段属水网地带，地下水埋藏较浅，仅在1.0m左右，且为咸水，故该层段落路基最小填土高度不应低于2.0m，且应在地表设置不小于50cm的砂砾隔断层，防止毛细水和盐渍化。区段内地二层为淤泥质亚黏土，为不良地质体，应进行地基处理，其处理深度不小于5.4m。

地质勘察阶段，该路段分布钻探孔5个，部分勘察统计数据如表4-8和表4-9所示。

K12+700～K13+500 勘察统计数据 表4-8

层号	①$_1$	①$_2$	①$_3$	②$_1$	②$_2$	②$_3$	④$_1$
土质	亚黏土	亚黏土	亚黏土	软弱土	亚黏土	亚黏土	亚黏土
平均层厚(m)	3.6	2.3	2.7	3.6	2.7	2.3	4.5
标贯数量	28	18	19	23	13	16	31
试验土样数量	27	17	20	27	20	17	34

K12+700～K13+500 路段路基力学性能参数表 表4-9

层号	指标	黏聚力 C	内摩擦角 φ	压缩模量 E_s
①$_1$	样本数	27	27	27
	均值	45.0	18.6	6.14
	标准差	18.3	10.5	2.52
	变异系数	0.41	0.57	0.411
	标准值	35.3	13.0	5.60
	代表值区间	[22.3,32.5]	[5.5,11.3]	[4.34,5.04]
①$_2$	样本数	17	17	17
	均值	31.4	16.4	5.84
	标准差	11.8	6.7	2.36
	变异系数	0.38	0.41	0.405
	标准值	25.2	12.8	5.32
	代表值区间	[16.7,23.3]	[8.1,11.8]	[4.15,4.80]
①$_3$	样本数	20	20	20
	均值	56.6	16.3	5.33
	标准差	14.1	8.4	2.15
	变异系数	0.25	0.52	0.404
	标准值	49.1	11.8	4.86
	代表值区间	[39.1,46.9]	[5.8,10.5]	[3.79,4.39]

续上表

层号	指标	黏聚力 C	内摩擦角 φ	压缩模量 E_s
②$_1$	样本数	27	27	27
	均值	24.2	12.5	4.64
	标准差	8.1	6.4	1.14
	变异系数	0.33	0.51	0.245
	标准值	19.9	9.1	4.39
	代表值区间	[14.2,18.7]	[4.5,8.1]	[3.82,4.14]
②$_2$	样本数	20	20	20
	均值	26.0	20.6	6.04
	标准差	9.0	7.1	2.22
	变异系数	0.35	0.35	0.367
	标准值	21.3	16.8	5.56
	代表值区间	[14.9,19.8]	[11.7,15.7]	[4.45,5.07]
②$_3$	样本数	17	17	17
	均值	36.6	16.9	5.42
	标准差	10.5	9.5	0.91
	变异系数	0.29	0.56	0.167
	标准值	31.1	11.8	5.22
	代表值区间	[23.6,29.4]	[5.1,10.3]	[4.77,5.02]
④$_1$	样本数	34	34	34
	均值	48.4	27.6	8.05
	标准差	16.2	4.4	2.15
	变异系数	0.33	0.16	0.267
	标准值	39.8	25.3	7.59
	代表值区间	[28.3,37.3]	[22.2,24.7]	6.52,7.11]

注：表中标准值是按照《岩土工程勘察规范》计算所得，代表值区间是根据上节分析结论计算所得。

4.5.3　3 区：K13+500～K18+300 路段

该路段长度 4800m，该分区微地貌形态属于滨海相沉积的平原区，地势开阔、平坦，稍有起伏，地面高程范围为 0.87～2.64m，沟渠纵横，属于水网地带，且地下水埋藏很浅，仅 1.0m 左右，属于咸水，生活用水一般为深层地下水。根据地质钻探、标准贯入试验、双桥静力触探试验及室内试验结果，按其物理、力学指标主要划分为 4 层。

(1)黏土：褐色、灰色，土质不均匀，切面光滑，含有少量有机质及钙质结核，厚度 2.7～3.3m。其物理、力学指标为：$\omega=33.5\%\sim38.3\%$，$e=0.992\sim1.400$，$I_L=0.23\sim0.80$，$a_{1-2}=0.37\sim0.80\mathrm{MPa}^{-1}$，$E_s=2.9\sim5.4\mathrm{MPa}$，$[\sigma_0]=80\sim100\mathrm{kPa}$，$\tau_i=20\sim25\mathrm{kPa}$。该层土为不良地质体，应进行处理。

(2)淤泥质亚黏土:灰黑色,软塑,土质均匀,切面较光滑,有砂粒,局部有亚砂土薄层,厚度 2.0~4.0m,其物理、力学指标为:$\omega=37.2\sim38.8\%$,$e=1.069$,$I_L=0.49\sim1.16$,$a_{1-2}=0.72\text{MPa}^{-1}$,$E_s=2.7\text{MPa}$,$q_c=0.35\text{MPa}$,$[\sigma_0]=80\text{kPa}$,$\tau_i=20\text{kPa}$。

该层土为不良地质体,可以结合第一层,采取水泥土搅拌桩处理方法。

(3)粉细砂:灰褐色,中密,饱和,砂质纯净,成分以石英、长石为主,磨圆度中等,层厚 1.2~2.2m,$N=11.3\sim22.9$ 击,$[\sigma_0]=200\text{kPa}$,$\tau_i=35\sim40\text{kPa}$。该层砂性虽已饱和,但各指标均大于临界指标,属于不液化层,对工程有利。

该区段存在不良地质体,且最大埋深为 7.4m 左右,其硬壳层仅为 0.5~1.0m,建议采取水泥搅拌桩处理。由于地下水埋藏较浅,且为咸水,建议当路基填土小于 2.0m 时设置厚度不小于 0.5m 的水平砂砾隔断层,防止毛细水上升、浸湿路床和盐渍化,确保路基稳定。

地质勘察阶段,该路段分布钻探孔 33 个,部分勘察统计数据如表 4-10 和表 4-11 所示。

K13+500~K18+300 勘察统计数据 表 4-10

层号	①$_1$	①$_2$	①$_3$	③$_1$
土质	亚黏土	淤泥质亚黏土	亚黏土	亚黏土
平均层厚(m)	6.5	8.1	8.1	13
标贯数量	141	171	171	272
试验土样数量	136	169	170	272

K13+500~K18+300 路段路基力学性能参数表 表 4-11

层号	指标	黏聚力 C	内摩擦角 φ	压缩模量 E_s
①$_1$	样本数	136	136	136
	均值	33.4	21.9	8.43
	标准差	20.0	13.8	4.54
	变异系数	0.60	0.63	0.538
	标准值	22.8	14.6	7.44
	代表值区间	[8.6,19.7]	[4.7,12.4]	[5.18,6.45]
①$_2$	样本数	169	169	169
	均值	31.4	6.5	2.57
	标准差	4.9	3.7	0.87
	变异系数	0.16	0.57	0.338
	标准值	28.8	4.5	2.38
	代表值区间	[25.3,28.0]	[1.9,4.0]	[1.95,2.19]
①$_3$	样本数	170	170	170
	均值	31.2	19.9	6.37
	标准差	4.1	6.8	1.02
	变异系数	0.13	0.34	0.161
	标准值	29.0	16.3	6.14
	代表值区间	[26.1,28.4]	[11.5,15.2]	[5.63,5.92]

续上表

层号	指标	黏聚力 C	内摩擦角 φ	压缩模量 E_s
③$_1$	样本数	272	272	272
	均值	34.8	28.7	9.29
	标准差	14.9	9.7	3.48
	变异系数	0.43	0.34	0.375
	标准值	27.0	23.6	8.53
	代表值区间	[16.4,24.6]	[16.7,22.1]	[6.80,7.77]

注：表中标准值是按照《岩土工程勘察规范》计算所得，代表值区间是根据上节分析结论计算所得。

4.5.4　4 区：K18+300~K18+800 路段

该路段长度 500m，该分区微地貌形态属于滨海相沉积的平原区，地势开阔、平坦，稍有起伏，地面高程范围为 0.54~1.85m，沟渠纵横，属于水网地带，且地下水埋藏很浅，仅 1.50m 左右，属于咸水，生活用水一般为深层地下水。根据地质钻探、标准贯入试验、双桥静力触探试验及室内试验结果，按其物理、力学指标主要划分为 4 层。

(1)黏土：褐黄色，呈硬塑状态，土质均匀，切面光滑，见锈染，层厚 0.5~4.8m，其物理、力学指标为：$\omega=33.2\%$，$e=0.924$，$I_L=0.28$，$a_{1-2}=0.44\text{MPa}^{-1}$，$E_s=4.3\text{MPa}$，$c=31\text{kPa}$，$\varphi=8.9°$，$[\sigma_0]=140\text{kPa}$，$\tau_i=30\text{kPa}$，该层为硬壳层。

(2)淤泥质亚黏土：灰黑色–灰色，呈软塑至流塑状，土质均匀，切面光滑，含有有机质及小贝壳，厚度 8.2~11.2m，呈透镜体状分布，其物理、力学指标为：$\omega=29.3\%\sim34.0\%$，$e=0.911\sim1.045$，$I_L=0.58\sim0.66$，$a_{1-2}=0.58\sim0.66\text{MPa}^{-1}$，$E_s=3.0\sim3.3\text{MPa}$，$q_c=0.42\text{MPa}$，$[\sigma_0]=80\sim100\text{kPa}$，$\tau_i=20\sim25\text{kPa}$。

该层为不良地质体，可采用水泥搅拌桩或高压旋喷处理，其处理深度不小于 12.5m。

(3)粉砂：灰色，中密，饱和，砂质不均匀，以石英、长石为主，含云母，厚度 1.0~2.0m，$N=14.0\sim14.5$ 击，$[\sigma_0]=180\text{kPa}$，$\tau_i=30\text{kPa}$。从各项指标看，该层不属于液化层。

(4)亚黏土：褐黄色，硬塑状态，土质均匀，切面光滑，具有亚砂土薄层，厚度 3.0~4.0m，其物理、力学指标为：$\omega=16.0\%\sim16.8\%$，$e=0.503$，$I_L=0\sim0.12$，$a_{1-2}=0.22\sim0.28\text{MPa}^{-1}$，$E_s=5.2\sim6.8\text{MPa}$，$[\sigma_0]=220\text{kPa}$，$\tau_i=45\text{kPa}$。该层为良好地基层。

该区段存在不良地质体，应采用水泥搅拌桩处理。

地质勘察阶段，该路段分布钻探孔 7 个，部分勘察统计数据如表 4-12 和表 4-13。

K18+300~K18+800 勘察统计数据　　表 4-12

层号	①$_1$	①$_2$	③$_1$	③$_2$	③$_3$
土质	软弱土	亚黏土	软土	亚黏土	亚黏土
平均层厚(m)	5.5	4.5	3.7	8.4	3.6
标贯数量	33	23	21	50	19
试验土样数量	34	28	23	52	22

K18+300~K18+800 路段路基力学性能参数表 表 4-13

层号	指标	黏聚力 C	内摩擦角 φ	压缩模量 E_s
①$_1$	样本数	34	34	34
	均值	21.4	8.4	3.61
	标准差	6.3	4.4	0.99
	变异系数	0.30	0.52	0.273
	标准值	18.0	6.1	3.39
	代表值区间	[13.5,17.0]	[3.0,5.4]	[2.90,3.18]
①$_2$	样本数	28	28	28
	均值	13.8	6.7	6.55
	标准差	3.5	2.2	3.70
	变异系数	0.25	0.33	0.565
	标准值	12.0	5.5	5.75
	代表值区间	[9.5,11.4]	[4.0,5.2]	[3.91,4.39]
③$_1$	样本数	23	23	23
	均值	20.6	8.7	3.13
	标准差	9.5	4.4	0.61
	变异系数	0.46	0.50	0.196
	标准值	15.6	6.4	3.00
	代表值区间	[8.8,14.1]	[3.3,5.7]	[2.69,2.86]
③$_2$	样本数	52	52	52
	均值	22.6	11.2	6.12
	标准差	6.6	5.8	1.48
	变异系数	0.29	0.52	0.242
	标准值	19.1	8.1	5.80
	代表值区间	[14.4,18.1]	[4.0,7.2]	[5.06,5.47]
③$_3$	样本数	22	22	22
	均值	28.6	13.0	5.43
	标准差	4.2	5.4	1.01
	变异系数	0.15	0.41	0.186
	标准值	26.4	10.2	5.21
	代表值区间	[23.4,25.7]	[6.4,9.3]	[4.71,4.99]

注:表中标准值是按照《岩土工程勘察规范》计算所得,代表值区间是根据上节分析结论计算所得。

4.5.5 5 区:K18+800~K24+200 路段

该路段长度 5400m,该分区微地貌形态属于滨海相沉积的平原区,地势开阔、平坦,稍有起伏,地面高程范围为 0.6~1.8m,沟渠纵横,属于水网地带,且地下水埋藏很浅,仅 1.50m 左右，属于咸水，生活用水一般为深层地下水。根据地质钻探、标准贯入试验、双桥静力触探试验及室内试验结果，按其物理、力学指标主要划分为 4 层。

（1）淤泥质亚黏土：灰黄色，灰黑色，软塑至流塑，土质不均匀，切面光滑，表层含植物根系，具有小贝壳及有机质，层厚 6.0~6.8m，其物理、力学指标为：$\omega=33.5\%\sim34.5\%$，$e=0.929\sim0.995$，$I_L=1.09\sim1.60$，$a_{1-2}=0.42\sim0.44\text{MPa}^{-1}$，$E_s=4.2\sim4.4\text{MPa}$，$q_c=0.55\text{MPa}$，$[\sigma_0]=100\text{kPa}$，$\tau_i=25\text{kPa}$。

该层淤泥质亚黏土为不良地质体，呈连续性分布，其硬壳层仅 0.5~1.0m，因此建议采取抛石挤淤加强夯处理。

（2）亚砂土、亚黏土：灰褐色，硬塑，土质不均匀，切面粗糙，含有少量有机质，呈现亚砂土与亚黏土互层状，厚度 3.00~3.80m，其物理、力学指标分别为：$\omega=19.0\%\sim20.7\%$，$e=0.619\sim0.751$，$I_L=0.37\sim0.64$，$a_{1-2}=0.11\sim0.13\text{MPa}^{-1}$，$c=13\sim17\text{kPa}$，$E_s=11.3\sim14.4\text{MPa}$，$\varphi=10.7°$，$[\sigma_0]=200\text{ kPa}$，$\tau_i=45\text{kPa}$。该层为良好地基层，对工程建设有利。

（3）粉砂：灰黄色，中密饱和，沙质均匀。以石英、长石为主，含有少量黏粒，厚度 2.7m 左右，$N=14.0\sim14.5$ 击，$[\sigma_0]=180\text{ kPa}$，$\tau_i=30\text{kPa}$。该层砂性土为良好地基层，属于不液化层，对工程建设有利。

该区段第一层为淤泥质黏土，建议采取水泥土搅拌桩处理，处理深度不小于 8.5m。

地质勘察阶段，该路段分布钻探孔 34 个，部分勘察统计数据如表 4-14 和表 4-15 所示。

K18+800~K24+200 勘察统计数据　　表 4-14

层号	①$_1$	①$_2$	③$_1$	③$_2$
土质	黏土	软弱土	亚黏土	亚黏土
平均层厚(m)	4.5	5.6	6.1	2.4
标贯数量	147	184	207	73
试验土样数量	143	177	194	75

K18+800~K24+200 路段路基力学性能参数表　　表 4-15

层号	指标	黏聚力 C	内摩擦角 φ	压缩模量 E_s
①$_1$	样本数	143	143	143
	均值	28.4	9.1	4.31
	标准差	6.6	4.0	1.43
	变异系数	0.23	0.44	0.332
	标准值	24.9	7.0	4.00
	代表值区间	[20.2,23.9]	[4.2,6.3]	[3.29,3.69]
①$_2$	样本数	177	177	177
	均值	17.0	14.8	3.72
	标准差	3.3	5.1	0.48
	变异系数	0.20	0.35	0.128
	标准值	15.2	12.1	3.62
	代表值区间	[12.9,14.7]	[8.4,11.3]	[3.38,3.52]

续上表

层号	指标	黏聚力 C	内摩擦角 φ	压缩模量 E_s
③$_1$	样本数	194	194	194
	均值	24.6	14.5	5.70
	标准差	5.1	3.9	1.92
	变异系数	0.21	0.27	0.336
	标准值	21.9	12.5	5.29
	代表值区间	[18.3,21.1]	[9.7,11.9]	[4.33,4.86]
③$_2$	样本数	75	75	75
	均值	32.0	17.4	5.96
	标准差	9.8	2.1	1.81
	变异系数	0.31	0.12	0.305
	标准值	26.8	16.3	5.57
	代表值区间	[19.8,25.3]	[14.8,16.0]	[4.66,5.17]

注:表中标准值是按照《岩土工程勘察规范》计算所得,代表值区间是根据上节分析结论计算所得。

4.5.6 6 区:K24+200~K25+100 路段

该路段长度900m,该分区微地貌形态属于滨海相沉积的平原区,地势开阔、平坦,稍有起伏,地面高程范围为0.4~1.33m,沟渠纵横,属于水网地带,且地下水一般埋深在8.40m左右,属微咸水,生活用水一般为深层地下水。根据地质钻探、标准贯入试验、双桥静力触探试验及室内试验结果,按其物理、力学指标主要划分为4层。

(1)软弱土(黏土):黄褐色,软塑状态,土质均匀,切面光黄,见锈染,含碎贝壳,厚度3.5m左右,其物理、力学指标分别为:$\omega=33.5\%\sim35.7\%$,$e=0.981\sim1.024$,$I_L=0.35\sim0.60$,$a_{1-2}=0.53\sim0.70\text{MPa}^{-1}$,$E_s=2.6\sim3.5\text{MPa}$,$[\sigma_0]=110\text{ kPa}$,$\tau_i=25\text{kPa}$。该层属于不良地质体,应进行地基处理。

(2)亚黏土:黄褐色,软素质硬塑状态,土质均匀,切面光滑,含有机质极少量碎贝壳,厚度2.0m左右,其物理、力学指标分别为:$\omega=30.8\%$,$e=0.814$,$I_L=1.08$,$a_{1-2}=0.4\text{MPa}^{-1}$,$E_s=4.3\text{MPa}$,$[\sigma_0]=140\text{ kPa}$,$\tau_i=30\text{kPa}$。该层具有一定的厚度,对工程建设有利。

(3)软土(黏土):灰黑色,软素,土质较均匀,切面光滑,含有机质极少量碎贝壳,含腐殖质,厚度2.0~5.3m,其物理、力学指标分别为:$\omega=43.5\%\sim44.2\%$,$e=1.197\sim1.233$,$I_L=0.70\sim0.79$,$a_{1-2}=0.79\sim0.84\text{MPa}^{-1}$,$E_s=2.5\sim2.6\text{MPa}$,$q_c=0.61\text{MPa}$,$[\sigma_0]=80\text{kPa}$,$\tau_i=20\text{kPa}$。

该层为不良地质体,可结合第一层土采取水泥搅拌桩处理,其处理深度不少于9.30m。

(4)细砂:灰色,中密,饱和,砂质不均匀,石英长石质,磨圆度中等,级配良好,局部有黏粒,$N=17.1$击,$[\sigma_0]=180\sim200\text{ kPa}$,$\tau_i=40\text{kPa}$。该层不属于液化层,对工程建设有利。

该分段第一层及第二层为软土或软弱土,属不良地质,应进行地基处理,由于第二层为亚黏土,土质较好,故采用抛石挤淤方法处理效果很稍差,建议采取水泥搅拌桩处理,处理深度不少于9.50m。

地质勘察阶段，该路段分布钻探孔 5 个，部分勘察统计数据如表 4-16 和表 4-17 所示。

K24+200～K25+100 勘察统计数据　　表 4-16

层号	①1	①2	①3	①4	②1	④1	④2	④3	④4
土质	亚黏土	软弱土	亚黏土	淤泥质亚黏土	亚黏土	亚黏土	亚黏土	亚黏土	亚黏土
平均层厚(m)	0.9	4.2	1.6	2.7	1.5	1.4	2.3	1.5	2.4
标贯数量	9	27	10	18	7	6	11	11	13
试验土样数量	7	31	12	20	11	10	17	11	18

K24+200～K25+100 路段路基力学性能参数表　　表 4-17

层号	指标	黏聚力 C	内摩擦角 φ	压缩模量 E_s
①1	样本数	7	7	7
	均值	19.2	9.6	4.36
	标准差	8.3	5.0	0.86
	变异系数	0.43	0.52	0.197
	标准值	14.8	6.9	4.17
	代表值区间	[8.9,13.5]	[3.4,6.2]	[3.74,3.98]
①2	样本数	31	31	31
	均值	16.4	6.6	3.60
	标准差	4.7	3.4	0.50
	变异系数	0.28	0.51	0.140
①3	样本数	12	12	12
	均值	24.4	10.6	4.43
	标准差	10.1	1.6	0.74
	变异系数	0.42	0.15	0.168
	标准值	19.0	9.8	4.27
	代表值区间	[11.8,17.4]	[8.7,9.6]	[3.90,4.11]
①4	样本数	20	20	20
	均值	16.4	8.0	2.99
	标准差	4.7	4.5	0.43
	变异系数	0.28	0.56	0.144
	标准值	13.9	5.6	2.90
	代表值区间	[10.6,13.2]	[2.4,4.9]	[2.68,2.80]
②1	样本数	11	11	11
	均值	29.4	13.6	5.75
	标准差	13.8	5.4	2.24
	变异系数	0.47	0.40	0.390
	标准值	22.1	10.8	5.26
	代表值区间	[12.3,19.9]	[6.9,9.9]	[4.15,4.77]

续上表

层号	指标	黏聚力 C	内摩擦角 φ	压缩模量 E_s
④$_1$	样本数	10	10	10
	均值	28.6	16.7	5.96
	标准差	14.6	12.2	2.99
	变异系数	0.51	0.73	0.502
	标准值	20.9	10.3	5.31
	代表值区间	[10.5,18.6]	[1.6,8.4]	[3.82,4.65]
④$_2$	样本数	17	17	17
	均值	28.6	20.2	7.14
	标准差	8.0	11.1	2.57
	变异系数	0.28	0.55	0.360
	标准值	24.4	14.3	6.58
	代表值区间	[18.7,23.1]	[6.4,12.6]	[5.30,6.02]
④$_3$	样本数	11	11	11
	均值	26.6	17.4	5.72
	标准差	5.4	5.5	0.72
	变异系数	0.20	0.32	0.125
	标准值	23.8	14.5	5.56
	代表值区间	[19.9,22.9]	[10.5,13.6]	[5.20,5.40]
④$_4$	样本数	18	18	18
	均值	25.2	18.7	6.15
	标准差	7.3	7.9	1.35
	变异系数	0.29	0.42	0.220
	标准值	21.4	14.5	5.85
	代表值区间	[16.2,20.2]	[8.9,13.3]	[5.18,5.56]

注:表中标准值是按照《岩土工程勘察规范》计算所得,代表值区间是根据上节分析结论计算所得。

4.5.7　7 区:K25+100~K30+000 路段

该路段长度 4900m,该分区微地貌形态属于滨海相沉积的平原区,地势开阔、平坦,稍有起伏,地面高程范围为 0.26~2.09m,沟渠纵横,属于水网地带,且地下水埋藏很浅,仅 1.50m 左右,属于咸水,生活用水一般为深层地下水。根据地质钻探、标准贯入试验、双桥静力触探试验及室内试验结果,按其物理、力学指标主要划分为 3 层。

(1)软弱土(黏土):褐黄色,灰色,软塑状态,土质较均匀,切面光滑,具锈染,局部为灰黑色,厚度 1.5~1.7m,其物理、力学指标分别为:$\omega=34.3\%$,$e=0.943$,$I_L=0.97$,$a_{1-2}=0.46\text{MPa}^{-1}$,$E_s=4.0\text{MPa}$,$[\sigma_0]=120\text{ kPa}$,$\tau_i=30\text{kPa}$,该层属于不良地质体,应当处理。

(2)软土(亚黏土):灰色,软塑至流塑,土质较均匀,切面光滑,含有机质及小贝壳,厚度 8.10~10.10m,其物理、力学指标分别为:$\omega=34.1\%\sim35.6\%$,$e=1.000\sim1.005$,$I_L=1.04\sim1.55$,$a_{1-2}=0.54\sim0.56\text{MPa}^{-1}$,$E_s=3.3\text{MPa}$,$[\sigma_0]=80\text{kPa}$,$\tau_i=25\text{kPa}$。该层为不良地质层,可结合第一层采取水泥搅拌桩或高压旋喷桩处理。

(3)细砂:灰褐色,中密,饱和,砂质不均匀,以石英长石为主,含有亚砂土薄层,厚度 5.00~6.20m,N=19.5~23.8 击,该层为不液化层,对工程建设有利。

该区段由于地下水埋藏较浅,且为咸水,建议当路基填土小于 1.50m 时,应在地表设置厚度不小于 0.5m 的砂砾隔断层,防止毛细水上升及盐渍化。

地质勘察阶段,该路段分布钻探孔 23 个,部分勘察统计数据如表 4-18 和表 4-19 所示。

K25+100~K30+000 勘察统计数据　　表 4-18

层号	$①_1$	$①_2$	$①_3$	$②_1$	$②_2$	$②_3$	$②_4$	$②_5$
土质	亚黏土	亚黏土	软弱土	软土	亚黏土	亚黏土	软弱土	亚黏土
平均层厚(m)	2.1	2.8	4.0	2.1	1.0	3.2	1.4	3.8
标贯数量	32	77	95	49	24	94	25	76
试验土样数量	48	63	91	47	23	73	32	87

K25+100~K30+000 路段路基力学性能参数表　　表 4-19

层号	指标	黏聚力 C	内摩擦角 φ	压缩模量 E_s
$①_1$	样本数	48	48	48
	均值	40.8	17.8	5.51
	标准差	14.6	6.8	1.71
	变异系数	0.36	0.38	0.311
	标准值	33.1	14.2	5.14
	代表值区间	[22.6,30.8]	[9.3,13.1]	[4.29, 4.76]
$①_2$	样本数	63	63	63
	均值	19.2	5.9	4.17
	标准差	5.0	2.7	0.53
	变异系数	0.26	0.46	0.126
	标准值	16.6	4.5	4.06
	代表值区间	[13.0,15.8]	[2.5,4.0]	[3.80,3.95]
$①_3$	样本数	91	91	91
	均值	14.2	6.2	3.55
	标准差	1.9	2.7	0.83
	变异系数	0.14	0.44	0.232
	标准值	13.2	4.7	3.37
	代表值区间	[11.8,12.9]	[2.8,4.3]	[2.96,3.19]
$②_1$	样本数	47	47	47
	均值	20.4	13.0	3.35
	标准差	5.9	4.8	0.92
	变异系数	0.29	0.37	0.275
	标准值	17.3	10.4	3.15
	代表值区间	[13.1,16.4]	[7.0,9.7]	[2.69,2.95]

续上表

层号	指标	黏聚力 C	内摩擦角 φ	压缩模量 E_s
②$_2$	样本数	23	23	23
	均值	26.2	11.1	5.70
	标准差	4.1	3.8	3.48
	变异系数	0.16	0.34	0.610
	标准值	24.0	9.1	4.94
	代表值区间	[21.1,23.4]	[6.4,8.5]	[3.21,4.18]
②$_3$	样本数	73	73	73
	均值	19.6	23.6	8.65
	标准差	8.1	12.0	3.24
	变异系数	0.41	0.51	0.375
	标准值	15.3	17.3	7.95
	代表值区间	[9.6,14.1]	[8.7,15.4]	[6.33,7.23]
②$_4$	样本数	32	32	32
	均值	25.2	10.9	4.57
	标准差	4.7	3.0	1.81
	变异系数	0.18	0.28	0.395
	标准值	22.7	9.3	4.18
	代表值区间	[19.4,22.0]	[7.1,8.8]	[3.28,3.78]
②$_5$	样本数	87	87	87
	均值	35.6	15.5	6.13
	标准差	15.0	4.0	1.20
	变异系数	0.42	0.26	0.196
	标准值	27.7	13.4	5.87
	代表值区间	[17.0,25.3]	[10.5,12.7]	[5.27,5.60]

注:表中标准值是按照《岩土工程勘察规范》计算所得,代表值区间是根据上节分析结论计算所得。

4.5.8 8区:K30+000~K35+600路段

该路段长度5600m,该分区微地貌形态属于滨海相沉积的平原区(属于曹泊水库分洪区),地势开阔、平坦,稍有起伏,地面高程范围为0.44~2.25m,沟且地下水埋藏很浅,仅1.3~2.8m,属微咸水。根据地质钻探、标准贯入试验、双桥静力触探试验及室内试验结果,按其物理、力学指标主要划分为3层。

(1)亚黏土:黄褐色,软塑至硬塑,土质不均匀,切面粗糙,具锈染,厚度为2.7~3.2m,其物理、力学指标分别为:$\omega=23.0\%\sim28.4\%$,$e=0.674\sim0.804$,$I_L=0.33\sim0.53$,$a_{1\text{-}2}=0.2\sim0.59\text{MPa}^{-1}$,$E_s=2.9\sim8.3\text{MPa}$,$c=16\text{ kPa}$,$\varphi=20°$,$[\sigma_0]=150\text{kPa}$,$\tau_i=35\text{kPa}$。

该层为硬壳层,对工程建设有利。

(2)软弱土(亚黏土):灰黑色,软塑至流塑,土质均匀,切面光滑,含有机质,有腥臭味,黏粒含量较高,具有少量小贝壳,厚度3.7~5.3m,其物理、力学指标分别为:$\omega=31.1\%\sim34.5\%$,$e=0.939\sim0.970$,$I_L=0.66\sim1.40$,$a_{1\text{-}2}=0.44\sim0.67\text{MPa}^{-1}$,$E_s=2.7\sim5.0\text{MPa}$,$[\sigma_0]=$

120kPa，$\tau_i = 30$kPa。该层为不良地质体。

（3）软土（黏土）：灰黑色，呈软塑状态，土质均匀，切面光滑，具有小贝壳体，厚度 1.0m，其物理、力学指标分别为：$\omega = 42.8\%$，$e = 1.101$，$I_L = 0.85$，$a_{1-2} = 0.48\text{MPa}^{-1}$，$E_s = 4.2$MPa，$c = 23$kPa，$\varphi = 5.3°$，$[\sigma_0] = 85$kPa，$\tau_i = 20$kPa。

该层为不良地质体，可结合第一层采用预压或水泥搅拌桩处理，处理最大深度为 13.5m。

（4）粉细砂：浅灰色，密实，饱和，砂质不纯，成分以石英长石为主，加亚砂土薄层，厚度 7.0~8.4m，$N = 32.6\sim50.0$ 击，$[\sigma_0] = 220$ kPa，$\tau_i = 50$kPa。该层为良好地基层，对工程有利。

该分区位于曹泊水库分洪区内，当以路堤通过时应注意路堤的防护问题。由于区段内存在有软土、软弱土应进行地基处理。

地质勘察阶段，该路段分布钻探孔 33 个，部分勘察统计数据如表 4-20 和表 4-21 所示。

K30+000~K35+600 勘察统计数据　　表 4-20

层号	①$_1$	②$_1$	②$_2$	②$_3$	②$_4$	④$_1$
土质	亚黏土	软土	软弱土	软土	淤泥质亚黏土	亚黏土
平均层厚（m）	2.7	2.8	6.3	2.8	10.0	10.5
标贯数量	42	43	108	42	174	169
试验土样数量	46	48	107	47	169	178

K30+000~K35+600 路段路基力学性能参数表　　表 4-21

层号	指标	黏聚力 C	内摩擦角 φ	压缩模量 E_s
①$_1$	样本数	46	46	46
	均值	17.2	10.0	4.44
	标准差	5.5	4.6	0.52
	变异系数	0.32	0.46	0.118
	标准值	14.3	7.5	4.33
	代表值区间	[10.4，13.4]	[4.3，6.8]	[4.07，4.22]
②$_1$	样本数	48	48	48
	均值	9.0	5.4	3.50
	标准差	1.2	3.1	0.89
	变异系数	0.14	0.57	0.253
	标准值	8.4	3.7	3.31
	代表值区间	[7.5，8.2]	[1.5，3.3]	[2.87，3.12]
②$_2$	样本数	107	107	107
	均值	8.6	7.8	4.41
	标准差	3.6	2.1	0.57
	变异系数	0.42	0.27	0.129
	标准值	6.7	6.7	4.29
	代表值区间	[4.1，6.1]	[5.2，6.4]	[4.00，4.16]

续上表

层号	指标	黏聚力 C	内摩擦角 φ	压缩模量 E_s
②$_3$	样本数	47	47	47
	均值	12.8	8.8	4.44
	标准差	5.5	3.9	1.02
	变异系数	0.43	0.44	0.230
	标准值	9.9	6.7	4.22
	代表值区间	[5.9,9.0]	[4.0,6.1]	[3.71,4.00]
②$_4$	样本数	169	169	169
	均值	11.8	3.5	2.96
	标准差	1.3	0.8	0.24
	变异系数	0.11	0.22	0.081
	标准值	11.1	3.1	2.91
	代表值区间	[10.2,10.9]	[2.6,3.0]	[2.79,2.85]
④$_1$	样本数	178	178	178
	均值	19.2	10.2	6.45
	标准差	3.2	3.5	4.41
	变异系数	0.17	0.34	0.684
	标准值	17.5	8.3	5.49
	代表值区间	[15.2,17.0]	[5.9,7.8]	[3.29,4.52]

注:表中标准值是按照《岩土工程勘察规范》计算所得,代表值区间是根据上节分析结论计算所得。

4.5.9　9 区:K35+600～K38+100 路段

该路段长度 2500m,该分区微地貌形态属于滨海相沉积的平原区,地势开阔、平坦,稍有起伏,地面高程 0.44～2.25m,沟且地下水埋藏很浅,仅 0.8～1.50m,属咸水。根据地质钻探、标准贯入试验、双桥静力触探试验及室内试验结果,按其物理、力学指标主要划分为 5 层。

(1)亚黏土:黄褐色,土质均匀,切面光黄,含铁锰质结核,厚度 1.5～2.30m,其物理、力学指标分别为:$\omega=25.1\%$,$e=0.795$,$I_L=0.36$,$a_{1-2}=0.34\text{MPa}^{-1}$,$E_s=5.10\text{MPa}$,$c=39$ kPa ,$\varphi=11.4°$,$[\sigma_0]=140\text{kPa}$,$\tau_i=35\text{kPa}$。该层为硬壳层。

(2)亚黏土(软弱土):灰褐色–黄褐色,呈软塑至流塑状,土质均匀,切面光滑,含铁锰质结核,厚度 2.6m 左右,其物理、力学指标分别为:$\omega=30.3\%\sim32.6\%$,$e=0.867\sim0.936$,$I_L=1.03\sim1.22$,$a_{1-2}=0.57\sim0.60\text{MPa}^{-1}$,$E_s=3.0\sim3.1\text{MPa}$,$[\sigma_0]=100\sim120\text{kPa}$,$\tau_i=20\sim25\text{kPa}$。该层为不良地质层,应进行地基处理。

(3)亚黏土:灰黑色,软塑,土质均匀,切面光滑,含铁锰质结核,厚度 2.5～2.9m,其物理、力学指标分别为:$\omega=27.0\%\sim29.8\%$,$e=0.821\sim0.855$,$I_L=0.68$,$a_{1-2}=0.39\sim0.41\text{MPa}^{-1}$,$E_s=4.2\sim4.5\text{MPa}$,$c=16\sim20\text{kPa}$,$\varphi=10.1°\sim17.5°$,$[\sigma_0]=150\text{kPa}$,$\tau_i=35\text{kPa}$。该层土质较好,比第二层承载力高,对工程有利。

(4)亚黏土(软弱土):淤泥质亚黏土,灰黑色,软塑至流塑,土质均匀,切面光滑,含腐殖质及贝壳碎片,层厚为 1.00m 的亚黏土。该层厚度为 2.10~3.10m,其物理、力学指标分别为:$\omega=33.0\%\sim37.5\%$,$e=0.925\sim1.034$,$I_L=1.05\sim1.16$,$a_{1-2}=0.47\sim0.66\text{MPa}^{-1}$,$E_s=2.9\sim3.9\text{MPa}$,$c=20\sim26$ kPa ,$\varphi=5.1°\sim6.5°$,$[\sigma_0]=95\sim130\text{kPa}$,$\tau_i=20\sim30\text{kPa}$。该层为不良地质体,应与第二层一并进行地基处理。

(5)粉砂:灰色,密实,饱和,砂质不均匀,含有黏粒,以石英长石为主,具有亚砂土薄层,厚度 3.00m 左右,,$N=25.6\sim26.7$ 击,$[\sigma_0]=$ 200 kPa,$\tau_i=40\text{kPa}$。该层对工程有利。

该区段已接近沼泽地段,地下水埋藏很浅,且浅层地下水属于咸水,故该区段路堤应在地表处设置隔断层,防止毛细水上升浸湿路床和使路基盐渍化。区段内存在有软土、软弱土,可采取水泥搅拌桩或高压旋喷桩处理,当在处理软土时,可将路堤底部设置的透水性水平垫层作为防止毛细水上升的隔断层,达到节省投资的目的。

在地质勘察阶段,该路段分布钻探孔 22 个,部分勘察统计数据如表 4-22 和表 4-23 所示。

K35+600~K38+100 勘察统计数据　　表 4-22

层号	①$_1$	①$_2$	②$_1$	②$_2$	④$_1$
土质	亚黏土	软弱土	亚黏土	亚黏土	亚黏土
平均层厚(m)	3.4	10.5	4.9	3.4	3.4
标贯数量	70	200	94	72	66
试验土样数量	67	204	95	67	64

K35+600~K38+100 路段路基力学性能参数表　　表 4-23

层号	指标	黏聚力 C	内摩擦角 φ	压缩模量 E_s
①$_1$	样本数	67	67	67
	均值	32.8	13.3	5.01
	标准差	10.2	5.5	1.29
	变异系数	0.31	0.41	0.258
	标准值	27.4	10.4	4.72
	代表值区间	[20.1,25.8]	[6.5,9.6]	[4.08,4.44]
①$_2$	样本数	204	204	204
	均值	16.4	5.3	3.63
	标准差	5.6	4.2	0.76
	变异系数	0.34	0.79	0.210
	标准值	13.4	3.1	3.46
	代表值区间	[9.5,12.6]	[0.1,2.4]	[3.08,3.29]
②$_1$	样本数	95	95	95
	均值	24.2	25.9	8.06
	标准差	7.3	8.0	4.04
	变异系数	0.30	0.31	0.501
	标准值	20.3	21.7	7.19
	代表值区间	[15.1,19.2]	[16.0,20.4]	[5.18,6.30]

续上表

层号	指标	黏聚力 C	内摩擦角 φ	压缩模量 E_s
②$_2$	样本数	67	67	67
	均值	21.2	10.3	6.74
	标准差	5.0	5.3	2.01
	变异系数	0.24	0.52	0.298
	标准值	18.5	7.5	6.31
	代表值区间	[15.0,17.8]	[3.7,6.6]	[5.31,5.87]
④$_1$	样本数	64	64	64
	均值	20.2	22.1	8.23
	标准差	15.4	6.9	2.04
	变异系数	0.76	0.31	0.248
	标准值	12.1	18.5	7.79
	代表值区间	[1.1,9.7]	[13.6,17.4]	[6.77,7.34]

注:表中标准值是按照《岩土工程勘察规范》计算所得,代表值区间是根据上节分析结论计算所得。

4.5.10 10 区:K38+100~K55+000 路段

该路段长度17000m,该分区微地貌形态属于大陆停滞水堆积地貌(属沼泽地),地势低洼,稍有起伏,地面高程0.44~2.25m,部分段落有地表积水,地下水也埋藏很浅,属咸水。生活用水一般为深层地下水。根据地质钻探、标准贯入试验、双桥静力触探试验及室内试验结果,按其物理、力学指标主要划分为6层。

(1)淤泥质亚黏土、软弱土(亚黏土):褐黄色,灰黑色,软塑至流塑,土质较均匀,切面光滑,含有有机质及小贝壳碎片,厚度3.00~9.50m,其物理、力学指标分别为:$\omega=31.1\%\sim42.4\%$,$e=0.911\sim1.196$,$I_L=0.67\sim1.20$,$a_{1-2}=0.39\sim0.871\text{MPa}^{-1}$,$E_s=3.6\sim5.0\text{MPa}$,$[\sigma_0]=85\sim110\text{kPa}$,$\tau_i=20\sim25\text{kPa}$。该层为不良地质体,应进行地基处理。

(2)亚黏土:灰黑色,软塑,土质较均匀,切面光滑,含有机质,夹亚砂土薄层,厚度1.30~4.00m,其物理、力学指标分别为:$\omega=23.2\%\sim28.1\%$,$e=0.628\sim0.788$,$I_L=0.75\sim0.83$,$a_{1-2}=0.37\sim0.58\text{MPa}^{-1}$,$E_s=4.5\sim5.2\text{MPa}$,$[\sigma_0]=140\sim160\text{kPa}$,$\tau_i=35\sim40\text{kPa}$。

(3)淤泥质亚黏土,软土(黏土):灰色,灰褐色,软塑至流塑,土质较均匀,切面较光滑,含有机质及小贝壳碎片,厚度1.7~3.0m,其物理、力学指标分别为:$\omega=34.6\%\sim47.6\%$,$e=1.105\sim1.288$,$I_L=0.72\sim1.01$,$a_{1-2}=0.63\text{MPa}^{-1}$,$E_s=3.1\sim3.5\text{MPa}$,$c=12\sim24\ \text{kPa}$,$\varphi=3.0°$,$[\sigma_0]=105\sim110\text{kPa}$,$\tau_i=20\sim25\text{kPa}$。该层为不良地质体,应结合第一层采取水泥搅拌桩或高压旋喷桩处理。

(4)细砂:褐色,中密,饱和,砂质不纯,成分以石英长石为主,见锈染,局部含黏粒,磨圆度中等,厚度1.0~5.9m,$N=16.8\sim18.0$击,$[\sigma_0]=180\sim200\ \text{kPa}$,$\tau_i=40\text{kPa}$。该层为良好地基层,对工程建设有利。

(5)软弱土(亚黏土):褐黄色,软塑,土质均匀,切面光滑,见锈染及少量姜石,夹黏土薄层,厚度4.5~4.9m,其物理、力学指标分别为:$\omega=15.9\%\sim29.0\%$,$e=0.998$,$I_L=0.75\sim0.93$,$a_{1-2}=0.3\sim0.45\text{MPa}^{-1}$,$E_s=4.2\sim6.5\text{MPa}$,$c=29\sim31\text{kPa}$,$\varphi=4.8°\sim14.0°$,$[\sigma_0]=140\text{kPa}$,$\tau_i=$

35kPa。该层埋深已达 21.0m 以下，仍属于软弱层。

(6) 亚黏土：灰褐色，土质均匀，切面光滑，见锈染，含贝壳碎片，有砂感，夹有亚砂土薄层，厚度 3.0~3.5m。其物理、力学指标分别为：$\omega = 15.9\% \sim 29.0\%$，$e = 0.479 \sim 0.747$，$I_L = 0.49 \sim 0.60$，$a_{1-2} = 0.14 \sim 0.29\text{MPa}^{-1}$，$E_s = 5.8 \sim 10.5\text{MPa}$，$c = 16 \sim 31$ kPa ，$\varphi = 8.9° \sim 32.2°$，$[\sigma_0] = 180 \sim 200\text{kPa}$，$\tau_i = 45\text{kPa}$。

该层为良好地基层，对工程有利。该区段内地势比较低洼，K43+150~K65+100 为河北省唐海县湿地和鸟类自然保护的缓冲区，其地貌属于大陆停滞水堆积地貌(沼泽地)，沉积的软土较厚。为了体现尊重自然，保护环境的设计理念，该区段采取路堤与桥梁相结合的方案通过，软土埋深在 25.0m 左右时适当增加桥长，提高了行车安全和舒适性，体现了安全选线的设计理念。

在地质勘察阶段，该路段分布钻探孔 80 个，部分勘察统计数据如表 4-24 和表 4-25 所示。

K38+100~K55+000 勘察统计数据　　表 4-24

层号	①$_1$	①$_2$	②$_4$	④$_1$
土质	软弱土	软弱土	亚黏土	亚黏土
平均厚度(m)	8.3	4.3	8.3	7.4
标贯数量	332	168	327	334
试验土样数量	329	171	329	292

K38+100~K55+000 路段路基力学性能参数表　　表 4-25

层号	指标	黏聚力 C	内摩擦角 φ	压缩模量 E_s
①$_1$	样本数	329	329	329
	均值	17.4	6.7	3.70
	标准差	2.6	4.3	0.96
	变异系数	0.15	0.64	0.258
	标准值	16.0	4.4	3.50
	代表值区间	[14.2,15.6]	[1.4,3.8]	[3.02,3.29]
①$_2$	样本数	171	171	171
	均值	12.8	12.0	4.47
	标准差	2.4	6.7	1.21
	变异系数	0.19	0.56	0.271
	标准值	11.5	8.4	4.20
	代表值区间	[9.8,11.2]	[3.6,7.3]	[3.60,3.94]
②$_4$	样本数	329	329	329
	均值	15.4	10.3	6.91
	标准差	6.4	6.9	3.79
	变异系数	0.42	0.67	0.548
	标准值	12.0	6.7	6.09
	代表值区间	[7.4,11.0]	[1.7,5.6]	[4.20,5.25]

续上表

层号	指标	黏聚力 C	内摩擦角 φ	压缩模量 E_s
④$_1$	样本数	292	292	292
	均值	11.2	24.1	6.58
	标准差	3.3	11.5	2.73
	变异系数	0.30	0.48	0.414
	标准值	9.4	18.0	5.99
	代表值区间	[7.0,8.9]	[9.9,16.2]	[4.63,5.39]

注：表中标准值是按照《岩土工程勘察规范》计算所得，代表值区间是根据上节分析结论计算所得。

4.5.11 11区：K55+000~K65+100路段

该分区微地貌形态属于滨海相沉积平原区，地势低洼，常年积水，地面高程0.30~2.90m，地表水属咸水。勘察时已取水样进行水质分析，具有腐蚀性，防护等级为三级。根据地质钻探、标准贯入试验、双桥静力触探试验及室内试验结果，按其物理、力学指标主要划分为4层。

(1)软弱土(亚黏土)：灰色，呈软塑状态，土质均匀，切面稍粗糙，含有贝壳碎片，厚度5.7m左右，其物理、力学指标分别为：$\omega=29.3\%\sim33.0\%$，$e=0.844\sim0.924$，$I_L=0.90\sim0.97$，$a_{1-2}=0.32\sim0.45\text{MPa}^{-1}$，$E_s=4.1\sim6.0\text{MPa}$，$c=20.0\sim27.0$ kPa，$\varphi=9.2°\sim12.4°$，$[\sigma_0]=90\text{kPa}$，$\tau_i=28\text{kPa}$。该层为不良地质体，可采取抛石挤淤进行处理。

(2)细砂：灰色，中密，饱和，成分以长石、石英为主，颗粒呈亚圆形，分选较好，含颗粒，厚度5.5m左右，$N=16.0\sim20.0$击，$[\sigma_0]=140\sim200\text{kPa}$，$\tau_i=40\text{kPa}$。该层砂性土不液化，对工程建设有利。

(3)亚砂土：灰色，土质不均匀，含有砂粒，切面粗糙，厚度2.8m左右，其物理、力学指标分别为：$\omega=33.6\%\sim35.6\%$，$e=0.903\sim0.986$，$I_L=0.93\sim0.96$，$a_{1-2}=0.48\sim0.96\text{MPa}^{-1}$，$E_s=3.9\sim4.0\text{MPa}$，$c=15.0\sim18.0$ kPa，$\varphi=7.2°\sim9.3°$，$[\sigma_0]=130\text{kPa}$，$\tau_i=35\text{kPa}$。该层土具有一定强度，但孔隙比较大，当有附加应力作用时易发生沉降。

(4)细砂：灰色，中密至密实，饱和，成分以长石、石英为主，颗粒呈亚圆形，分选较好。厚度1.0~2.9m，$N=31.0\sim44.0$击，$[\sigma_0]=200\text{kPa}$，$\tau_i=45\text{kPa}$。该层为良好地基层，对工程建设有利。

该分段已靠近大海，地下水埋藏很浅，部分路段常年积水，属咸水。为了防止毛细水上升，造成路堤盐渍化，建议在高处地表或常年积水水位处设置厚度不小于50cm的砂砾隔断。

区段内的软土或软弱土埋藏很浅，建议采取抛石挤淤或水泥土搅拌桩等方法处理，确保路堤安全。

在地质勘察阶段，该路段分布钻探孔30个，部分勘察统计数据如表4-26和表4-27所示。

K55+000~K65+100 勘察统计数据　　表 4-26

层号	①$_1$	①$_2$	②$_1$	②$_2$	②$_4$
土质	软弱土	亚黏土	软弱土	亚黏土	亚黏土
平均层厚(m)	6.3	6.8	8.7	2.3	3.0
标贯数量	90	99	128	31	37
试验土样数量	93	101	129	34	45
层号	③$_1$	③$_2$	④$_1$	④$_2$	④$_4$
土质	亚黏土	亚黏土	亚黏土	亚黏土	亚黏土
平均层厚(m)	5.4	4.3	9.4	6.8	5.2
标贯数量	87	65	161	104	103
试验土样数量	80	64	156	99	101

K55+000~K65+100 路段路基力学性能参数表　　表 4-27

层号	指标	黏聚力 C	内摩擦角 φ	压缩模量 E_s
①$_1$	样本数	93	93	93
	均值	15.0	7.2	5.39
	标准差	2.4	4.6	2.14
	变异系数	0.16	0.65	0.397
	标准值	13.7	4.7	4.92
	代表值区间	[12.0,13.3]	[1.4,4.0]	[3.86,4.45]
①$_2$	样本数	101	101	101
	均值	22.6	24.4	6.87
	标准差	6.7	8.7	2.61
	变异系数	0.29	0.36	0.380
	标准值	19.1	19.8	6.30
	代表值区间	[14.3,18.0]	[13.6,18.4]	[5.00,5.73]
②$_1$	样本数	129	129	129
	均值	20.4	15.8	4.62
	标准差	3.0	4.1	1.27
	变异系数	0.15	0.26	0.275
	标准值	18.8	13.7	4.35
	代表值区间	[16.7,18.4]	[10.7,13.0]	[3.71,4.07]
②$_2$	样本数	34	34	34
	均值	12.0	20.3	5.73
	标准差	8.0	11.3	1.41
	变异系数	0.66	0.56	0.246
	标准值	7.8	14.3	5.43
	代表值区间	[2.1,6.5]	[6.2,12.5]	[4.72,5.12]

续上表

层号	指标	黏聚力 C	内摩擦角 φ	压缩模量 E_s
②$_4$	样本数	45	45	45
	均值	11.8	13.3	5.84
	标准差	2.4	8.4	3.27
	变异系数	0.20	0.63	0.560
	标准值	10.5	8.9	5.13
	代表值区间	[8.8,10.2]	[2.9,7.6]	[3.50,4.41]
③$_1$	样本数	80	80	80
	均值	22.4	20.5	6.55
	标准差	8.6	7.9	4.47
	变异系数	0.38	0.39	0.682
	标准值	17.9	16.3	5.58
	代表值区间	[11.8,16.5]	[10.6,15.0]	[3.35,4.59]
③$_2$	样本数	64	64	64
	均值	28.2	11.7	5.68
	标准差	8.4	5.7	1.66
	变异系数	0.30	0.49	0.293
	标准值	23.8	8.7	5.32
	代表值区间	[17.8,22.5]	[4.7,7.8]	[4.49,4.95]
④$_1$	样本数	156	156	156
	均值	14.6	27.2	7.19
	标准差	9.7	8.7	1.91
	变异系数	0.67	0.32	0.265
	标准值	9.5	22.6	6.78
	代表值区间	[2.5,7.9]	[16.3,21.2]	[5.83,6.36]
④$_2$	样本数	99	99	99
	均值	25.2	19.2	8.62
	标准差	12.0	5.8	3.57
	变异系数	0.48	0.30	0.415
	标准值	18.8	16.2	7.85
	代表值区间	[10.3,17.0]	[12.0,15.3]	[6.06,7.06]
④$_4$	样本数	101	101	101
	均值	22.0	19.2	6.56
	标准差	6.4	9.3	2.83
	变异系数	0.29	0.49	0.431
	标准值	18.6	14.2	5.95
	代表值区间	[14.0,17.6]	[7.6,12.8]	[4.54,5.32]

注:表中标准值是按照《岩土工程勘察规范》计算所得,代表值区间是根据上节分析结论计算所得。

4.5.12　12 区：K65+100～K74+596.274 路段

长度包括连接线 1.309km，该分区微地貌形态属于滨海相沉积平原区，地势低洼，常年积水，地面高程 0.54～2.04m，地表水属咸水。勘察时已取水样进行水质分析，具有腐蚀性，防护等级为三级。根据地质钻探、标准贯入试验、双桥静力触探试验及室内试验结果，按其物理、力学指标主要划分为 4 层。

(1)亚黏土：灰褐色，软塑，土质均匀，切面较光滑，具有锰质氧化物，涂层厚度 1.10～1.50m，其物理、力学指标分别为：$\omega=29.3\%$，$e=0.816$，$I_L=0.88$，$a_{1-2}=0.45\text{MPa}^{-1}$，$E_s=4.00\text{MPa}$，$c=25\text{kPa}$，$\varphi=12.3°$，$[\sigma_0]=90-100\text{kPa}$，$\tau_i=30\text{kPa}$。

(2)粉砂：灰色，稍密，饱和，成分以石英长石为主，颗粒呈亚圆形；分选较好，磨圆度中等，厚度 1.90～2.50m，$N=10.0\sim11.0$ 击，$[\sigma_0]=120\text{kPa}$，$\tau_i=35\text{kPa}$。

(3)亚黏土：灰色，软塑，土质均匀，切面光滑，含有砂粒，厚度 14.30～17.60m，其物理、力学指标分别为：$\omega=29.80\%$，$e=0.830$，$I_L=0.71$，$a_{1-2}=0.406\text{MPa}^{-1}$，$E_s=4.73\text{MPa}$，$[\sigma_0]=130\sim160\text{kPa}$，$\tau_i=40\text{kPa}$。

(4)粉砂：灰色，密实，饱和，成分以长石、石英为主，颗粒呈亚圆形，分选较好，磨圆度中等，厚度 2.00m 左右，$N=14.0$ 击，$[\sigma_0]=1601\text{kPa}$，$\tau_i=45\text{kPa}$。

该层为良好地基层，对工程建设有利。该分段已临近大海，地表绝大部分常年积水，为盐池和虾池，由于属咸水，建议在高出常年积水以上设置隔断层，防止路堤盐渍化。

由双桥静力触探试验可知，区段内 6.0m 的范围内分布有一层软土，当公路以路堤形式通过时，应采取抛石挤淤、水泥土搅拌桩等方法对地基进行处理。特大桥桥头也应进行地基处理，防止因桥头跳车而影响行车的舒适性。

在地质勘察阶段，该路段分布钻探孔 8 个，部分勘察统计数据如表 4-28 和表 4-29 所示。

K55+000～K65+100 勘察统计数据　　表 4-28

层　号	①$_1$	①$_2$	②$_1$	②$_2$	②$_4$	③$_1$	③$_2$	④$_1$
土质	亚黏土	亚黏土	软弱土	亚黏土	软弱土	亚黏土	黏土	亚黏土
平均层厚(m)	6.2	6.0	3.7	5.0	4.2	2.5	5.3	2.6
标贯数量	48	52	27	36	32	16	40	25
试验土样数量	52	50	31	42	35	21	44	22

K65+100～K74+596.274 路段路基力学性能参数表　　表 4-29

层号	指标	黏聚力 C	内摩擦角 φ	压缩模量 E_s
①$_1$	样本数	52	52	52
	均值	20.4	11.7	4.83
	标准差	10.3	7.9	1.83
	变异系数	0.51	0.67	0.379
	标准值	15.0	7.6	4.43
	代表值区间	[7.6,13.3]	[2.0,6.3]	[3.52,4.03]

续上表

层号	指标	黏聚力 C	内摩擦角 φ	压缩模量 E_s
①$_2$	样本数	50	50	50
	均值	9.8	24.0	8.18
	标准差	3.9	6.2	3.24
	变异系数	0.40	0.26	0.396
	标准值	7.7	20.8	7.48
	代表值区间	[5.0,7.1]	[16,4,19.8]	[5.86,6.76]
①$_3$	样本数	31	31	31
	均值	14.8	13.4	4.28
	标准差	7.0	3.7	0.24
	变异系数	0.47	0.28	0.057
	标准值	11.1	11.5	4.23
	代表值区间	[6.1,10.0]	[8.8,10.9]	[4.11,4.18]
②$_1$	样本数	42	42	42
	均值	22.4	30.2	9.06
	标准差	6.2	9.5	4.40
	变异系数	0.28	0.31	0.486
	标准值	19.1	25.2	8.10
	代表值区间	[14.7,18.2]	[18.5,23.7]	[5.91,7.13]
②$_2$	样本数	35	35	35
	均值	27.8	18.7	5.10
	标准差	10.7	6.3	1.23
	变异系数	0.39	0.33	0.241
②$_2$	标准值	22.1	15.4	4.83
	代表值区间	[14.5,20.5]	[10.9,14.4]	[4.22,4.56]
③$_1$	样本数	21	21	21
	均值	20.8	23.0	8.45
	标准差	6.5	2.0	3.34
	变异系数	0.31	0.09	0.395
	标准值	17.4	21.9	7.72
	代表值区间	[12.7,16.3]	[20.5,21.6]	[6.06,6.99]
③$_2$	样本数	44	44	44
	均值	37.8	21.8	6.01
	标准差	15.8	4.3	1.31
	变异系数	0.42	0.20	0.218
	标准值	29.5	19.5	5.73
	代表值区间	[18.2,27.0]	[16.5,18.9]	[5.07,5.44]

续上表

层号	指标	黏聚力 C	内摩擦角 φ	压缩模量 E_s
③$_3$	样本数	22	22	22
	均值	10.6	22.1	6.94
	标准差	3.6	11.1	2.08
	变异系数	0.34	0.50	0.300
	标准值	8.7	16.3	6.49
	代表值区间	[6.1,8.1]	[8.3,14.5]	[5.45,6.03]

注:表中标准值是按照《岩土工程勘察规范》计算所得,代表值区间是根据上节分析结论计算所得。

由唐曹高速全路段的力学性能参数指标的统计结果可知,由于路基土的不均匀性、内部结构的随机性以及测试取样点的空间变异性,使得路基土的力学性能参数的测定值具有很大的离散性,而且受各种条件所限,对同一土层能取得的样本数又很有限,在这种情况下,如果试验人员仍然按照通常的做法,将测得的数据求取均值,并将该均值作为标准值直接提供给设计人员作参考数据显然是不合理的,同时也不能适应不同工程的需要。由前面分析可知,以传统均值代表真值的可信度不仅不尽如人意,同时还有 50%的危险性传统均值大于真值即有 50%的可能性,所以以传统均值作为设计数据会造成工程结构可靠性较低,无法保证工程结构在正常使用期间的安全性。由表中数据可以看到,依据《岩土工程勘察规范》(GB 50021—2001(2009 年版))计算所得的路基力学性能指标参数标准值比较接近于基于盲数测度理论得出的参数代表值区间的上限值,但是它比上限值略大,这说明基于盲数测度理论得出的参数代表值区间是合理的,并且偏于保守。这样就整体来说,只要设计人员在参数代表值区间内取值,则结构的安全性都是有保障的。在实际工程设计中需综合设计人员的经验、结构的可靠性和工程的经济性三个方面因素,考虑决定在代表值区间内取较大值还是较小值。同时,因为现行的非概率可靠性分析方法一般是以区间分析为基础的,所以基于盲数测度理论得出参数的合理代表值区间,可以使对结构体系的非概率可靠性分析更为准确可信。另外,由表中数据还可以看出,当同一参数的样本数一定时,变异系数越大,其基于盲数测度理论得出的代表值区间的区间半径就越大,这也与常规认识是一致的。

4.6　本 章 小 结

路基的力学性能指标参数是道路工程设计与计算的重要力学指标。受岩土体的复杂性、试样的有限性、随机性和试验误差等大量不确定性因素的影响,要准确得出路基的力学性能指标参数的代表值比较困难。在试验数据较少的情况下,常规的以样本均值代表真值的概率方法不再适用,因此根据小样本条件下不确定性参数的特点研究适合的分析方法就很有必要。

近年来的工程实践表明,在数据不充足时仅用实数值作为设计参数代表值并不合理,因为此时求取的常规均值的可信度波动较大,并且危险性较高。而如果用区间的形式表示路基设计参数,则设计人员就可以根据不同的工程需要在参数代表值区间内合理取值。

非概率可靠性方法近年来一直是工程研究的一个重要课题。基于区间分析方法的结构体系可靠度分析，由于需要的信息相对来说较少，而且只需要确定参数分布的合理上下界限即可，因此比较适合用来评价试验数据较少的路基设计问题。但是，长久以来国内外的研究工作主要围绕非概率可靠度指标的确定方法与评价准则展开，而没有涉及区间的选取是否合理，本章的主要工作就是提出一个在信息较少时合理确定设计参数代表值区间的方法。

本章主要介绍了盲数测度理论的发展及概念，并总结了不同情况下运用盲数测度理论确定设计参数代表值的方法，并将盲数测度理论应用于对高速公路路基设计参数的分析中，与实际工程唐曹高速相结合，其主要成果有以下几点：

(1)针对路基设计参数的特点，提出了采用盲数测度理论分析路基设计参数的必要性。介绍了工程不确定性及其数学处理方法以及可靠度分析理论，着重介绍了盲数测度理论与可信度分析理论，总结了不同情况下参数代表值的确定方法。

(2)提出了以设计参数代表值区间代替原来的设计参数实数值作为设计参考，更加符合工程实际，并能应对不同的工程需要。基于盲数测度理论提出了基于区间分析方法的结构体系非概率可靠度分析中合理参数区间的确定方法。

(3)应用盲数测度理论对唐曹高速全路段的路基力学性能指标参数进行分析，计算出基于盲数测度理论确定的参数代表值区间，并通过与《岩土工程勘察规范》(GB 50021—2001(2009年版))中规定的参数确定方法相比较，验证其合理性。

路基设计参数的确定是一个十分复杂的问题，本章仅用盲数测度理论在该方面作了初步的探索。当然，这种方法只为路基设计参数的确定与评价提供一种新的可行方法，并且还不够成熟，诸多方面还有待进一步完善。在研究过程中，主要存在下面几个问题：

(1)本章中对路基土主要是根据岩土工程勘察报告进行分层的，但近来各项研究表明，岩土体内各点的力学性能指标的分布规律主要与土体内部的随机场和相关距离有关，因此，只有结合这两点才能更加精确地对路基土的整体力学性能进行描述。

(2)本章只对岩土样本数据服从正态分布的情况作研究和探讨，在实际工程中，岩土参数也可能服从其他分布形式，在这些分布形式下参数代表值区间的确定及其可信度的分析还有待进一步的研究。

(3)由于进行基于区间分析的非概率可靠度计算的过程，实质就是一个区间运算的过程，而通过区间运算可能会引起区间扩张，从而导致最终所得的非概率可靠度指标的可信度降低。由于目前对于区间扩张问题的研究还不够成熟，本章只涉及对基本的路基设计参数的可信度探讨，而这些路基设计参数的可信度与非概率可靠度指标的可信度之间的关系还有待区间扩张理论的进一步发展。

第5章　非概率可靠性与路基沉降分析

5.1　ABAQUS软件的研究现状

目前国内外成熟的大型成套有限元软件主要有ANSYS、PLAXIS和ABAQUS。ANSYS软件主要应用于结构工程，在我国已成熟运用，美国的ABAQUS有限元软件主要应用于结构和岩土工程，荷兰的PLAXIS则主要应用于岩土工程。

ABAQUS是一套功能强大的基于有限元方法的工程模拟软件，它可以解决从相对简单的线性分析到复杂的非线性模拟等各种问题。ABAQUS不但可以做单一零件的力学和多物理场的分析，同时还可以作系统级的分析和研究。优秀的分析能力和模拟复杂系统的可靠性使得ABAQUS被各国的工业和研究机构广泛采用，其产品也在大量的高科技产品研究中发挥着巨大作用。ABAQUS在不断丰富其有限元分析的前后处理模块，也是建模、分析和仿真的人机交互平台——ABAQUS/CAE功能的同时，还与其他的CAD、CAE软件厂商合作，开发嵌入式第三方求解器，如CATIA、V5和AVL。ABAQUS包括一个丰富的、可模拟任意几何形状的单元库，并拥有各种类型的材料模型库，可模拟典型工程材料的性能，其中包括金属、橡胶、高分子材料、复合材料、钢筋混凝土、可压缩超弹性泡沫材料以及土壤和岩石等地质材料。作为通用的模拟工具，ABAQUS除了能解决大量的结构（应力/位移）问题，还可以模拟其他工程领域的许多问题，如热传导、质量扩散、热电耦合分析、声学分析、岩土力学分析（流体渗透/应力耦合分析）及压电介质分析。

ABAQUS有三个主要功能模块：

（1）ABAQUS/CAE（前后处理器）。ABAQUS/CAE是ABAQUS有限元分析的前后处理模块，也是建模、分析和仿真的人机交互平台。该模块可以构建结构的几何模型，分配材料和截面的特性，施加载荷和边界条件，并进行后处理。ABAQUS/CAE的后处理可以对计算结果的描述和解释提供广泛的选择，除了通常的云图、等值线和动画显示之外，还可以用列表、曲线等其他工具来完成后处理工作。该模块的许多独特功能与特点，例如CAD建模方式、参数化建模、数据管理系统等都极大方便了用户。ABAQUS分析通常在ABAQUS/CAE交互式图形环境下进行，可以结合输入命令共同操作。

（2）ABAQUS/Standard（隐式分析求解器）。ABAQUS/Standard是一个通用分析模块，它能够求解广泛的线性和非线性问题，包括结构的静态、动态、热和电响应等。对于同时发生作用的几何、材料和接触非线性采用自动增量控制技术处理。

ABAQUS拥有CAE工业领域最为广泛的材料模型，它可以模拟绝大部分工程材料的线性和非线性行为，而且任何一种材料都可以和任何一种单元或复合材料层一起用于任何合适的分析类型。

（3）ABAQUS/Explicit（显式分析求解器）。ABAQUS/Explicit是一个专门用途的分析模块,利用对时间变化的显示积分求解动力学方程。该模块适合于分析如冲击和爆炸这样短暂、瞬时的动态事件,对高度非线性问题也非常有效,包括模拟加工成形过程中接触条件改变的问题。ABAQUS/CAE 和 ABAQUS/Explicit 这两种分析模块可无缝集成,输入文件的格式相同,并可以互相传递结果数据。

ABAQUS 有 ABAQUS/Aqua(波动载荷分析)、ABAQUS/Safe(疲劳分析)和 ABAQUS/Design(优化敏感性分析)三个附加分析模块,波动载荷分析和疲劳分析模块的一系列功能可以附加在 ABAQUS/Standard 上应用,优化敏感性分析模块的一系列功能可以附加在 ABAQUS/Standard 和 ABAQUS/Explicit 上应用。

ABAQUS 一个完整的分析过程通常由前处理、模拟计算和后处理三个步骤组成。

分析模型至少包含以下信息:离散化的几何形体、单元截面属性、材料数据。ABAQUS 有限元软件在我国应用还处于尝试阶段,武警工程学院赵雁等将 ABAQUS 应用到金属材料的蠕变和应力松弛的数值模拟研究,中国科学院力学研究所任艳荣等将 ABAQUS 有限元软件应用到管道与土体相互作用的研究,淮海工学院李跃宇用 ABAQUS 求解了一个理想弹塑性材料的简支梁受均布载荷作用的问题,都得到比较好的结果。

5.2 ABAQUS 有限元法分析塑料板排水法处理软土地基

有限元法就是将研究区域离散成有限数目的区域单元,对每个单元通过变分等方法把微分方程转化成有限元方程,然后结合初始和边界条件求解线性方程组得到问题的数值解。它的突出优点在于可以用于解非线性问题,易于处理非均质材料和适用各种复杂的边界条件。

5.2.1 塑料排水板法简化处理

有限元法用于软土地基的沉降分析时,主要考虑软土的特性及适用的本构模型。本研究采用考虑渗透影响的黏弹塑性模型,本构方程为太沙基—伦杜立克二维渗透固结微分方程。

$$\frac{\partial u}{\partial t} = C_{v2}\left(\frac{\partial^2 u}{\partial z^2} + \frac{\partial^2 u}{\partial z^2}\right) \tag{5-1}$$

式中:u——为孔隙水压力;

C_{v2}——二维固结系数。

$$C_{v2} = \frac{k}{\gamma_w} \cdot \frac{E_0}{2(1+\mu)(1-2\mu)}$$

式中:E_0、μ——变形模量和泊松比。

建立塑料排水板地基模型时,塑料排水板多且尺寸小,可以应用下面的方法简化处理。通过打设塑料排水板加固软土地基,从宏观角度来讲,塑料排水板的主要作用是用来缩短土体排水距离,以达到加速排水固结的目的。而如果增加土体的渗透系数,同样可以达到加速排水固结的目的。因此可以根据固结度等效的原则,得出与塑料排水板等效的竖向渗透系数,将塑料排水板加固软基简化成渗透系数较大的天然层状地基进行计算。

为了得到较为简单的等效渗透系数表达式,将 Terzaghi 固结度表达式

$$\bar{U}_v(t) = 1 - \frac{8}{\pi^2}e^{-\frac{1}{4}\pi^2T_v}$$

用下式代替

$$\overline{U_v}(t) = 1 - \alpha e^{-\theta T_v}$$

通过拟合分析得到 $\alpha=0.92,\theta=3$,即

$$\overline{U_v}(t) = 1 - 0.92e^{-3T_v} \tag{5-2}$$

将上式和径向固结度公式带入总平均固结度公式得

$$\overline{U_{rv}}(t) = 1 - 0.92e^{-3T_v * e^{\frac{-ST_h}{F(n)}}} \tag{5-3}$$

设 C_{∞} 为等效均质地基竖向固结系数,则

$$\overline{U_{v0}}(t) = 1 - 0.92e^{-\frac{3C_{v0}t}{H^2}} \tag{5-4}$$

根据固结等效的原则,$\bar{U}_{rv}(t)=\overline{U_{v0}}(t)$,由此可得等效固结系数

$$C_{v0} = \left(1 + \frac{2.67H^2C_h}{F(n)d_e^2C_v}\right)C_v \tag{5-5}$$

等效均质地基竖向渗透系数为

$$k_{v0} = \left(1 + \frac{2.67H^2H_h}{F(n)d_e^2K_v}\right)K_v$$

通过上述塑料排水板地基简化方法,可以很方便地采用常规的太沙基—伦杜立克固结平面应变有限元方法对复杂的打设塑料排水板地基进行分析,而不需通过打设塑料排水板等效转化为砂墙,对打设塑料排水板间距和渗透系数进行等效调整来计算。在划分有限元网格时,不需设置排水单元,直接作为均质地基即可。堆载预压是通过在地基中打设塑料排水板作为竖向排水通道,在堆载作用下地基土由于排水距离缩短,从而加快地基的排水固结,堆载预压的实质是降低孔隙水压力来达到增加有效应力的目的。

5.2.2　ABAQUS 有限元软件分析塑料板排水法处理软土地基沉降

ABAQUS 有限元软件分析塑料排水板处理软土地基前后固结沉降的方法相同,只是输入参数不同,即打设塑料排水板后渗透系数换为等效渗透系数,步骤如下:

创建部件:条形地基横断面沿中心线对称,取其一半建立模型。左边界为对称轴,路基宽 17.25m,计算长度取 60m,断面坡度为 1 : 1.5。路基填高为 4.5m。排水体长度为 10m,计算深度取 20m,建立一个二维可变形的平面部件(图 5-1),*ABCD* 所围区域为打设排水板区域,单面排水。

路基填土和亚黏土层采用线弹性模型,而淤泥质黏土层采用蒙特卡罗模型,各土层的模型参数如表 5-1 所示,转换为平面问题时,各土层等效排水板效渗透系数如表 5-2 所示。为简化计算,排水板的容重和模型参数与同层土的参数一致,即指考虑排水板的排水作用,而不考虑打设排水板带来的刚度变化。

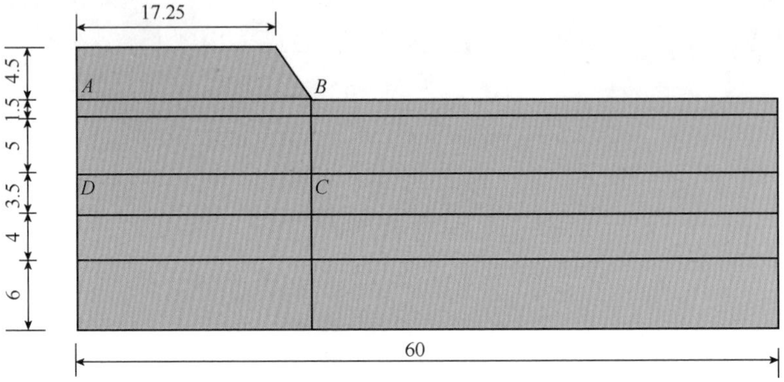

图 5-1 路基有限元模型(单位:m)

地基各土层参数 表 5-1

参数 \ 土层	人工填土	泥炭质淤泥	粉质黏土	粉土	中细纱
层厚(m)	1.5	5	3.5	4	6
压缩模量(MPa)	10	2	3.5	3.35	400
天然重度(g/cm^3)	1.68	1.73	1.87	1.91	1.96
竖向渗透系数(cm/s)	1.73×10^{-7}	3.23×10^{-7}	4.17×10^{-7}	8.55×10^{-7}	1.26×10^{-4}
水平渗透系数(cm/s)	1.73×10^{-7}	3.84×10^{-7}	1.66×10^{-6}	1.49×10^{-6}	1.26×10^{-4}
黏聚力(kPa)	0	15	14	12	0
内摩擦角(°)	35	19.8	21.2	28	30
泊松比	0.25	0.35	0.34	0.3	0.27
孔隙比	1.1	0.9	0.8	0.9	1.1

地基各土层等效渗透系数 表 5-2

土 层	人工填土	泥炭质淤泥	粉质黏土	粉 土	中细砂
等效渗透系数	2.0×10^{-1}	2.246×10^{-3}	8.830×10^{-3}	8.379×10^{-3}	1.09×10^{-1}

设置分析过程和输出要求:堆载过程简化为 3 个阶段,每个阶段堆载高度为 1.5m,在初始步之后设置 6 个土层(Soils)固结分析步,都使用几何非线性(Nlgeom)分析,选用非对称矩阵求解方式。首先是 * geostatic 分析步,建立地应力平衡,接着是 6 个 * Soil Consolidation 分析步,分别是 3 个加载过程和间歇过程。在 ABAQUS 中路堤的加载可通过命令 * model change,add 来实现。在 * geostatic 分析步中先移去模型的路基部分(* model change,move),然后在 3 个加载步骤中分级把堆载加上去,并施加重力荷载 Grav。在场变量和历史变量输出整个地基的位移。

有限元计算中时间步长不宜取得太小,如果取得太小,方程的系数矩阵会成为病态矩阵,无法求得正确解答;当加荷初期,时间步长取得太大又会使误差较大。沃罗第(Verruijt)建议用下式估计第一个时间步增量

$$\Delta t = \frac{\gamma_w d^2}{k\left(B + \frac{4G}{3}\right)} \tag{5-6}$$

式中：d——单元平均尺寸；

B——土的体积模量；

G——土的剪切模量。

估算时间增量为 0.1 天。

网格划分：采用实体平面应变孔压单元类型（CPE8RP），8 结点二次缩减积分四边形网格划分。网格靠近荷载区域划分较密，往远处逐渐变稀疏，地基有限元网格划分如图 5-2 所示。

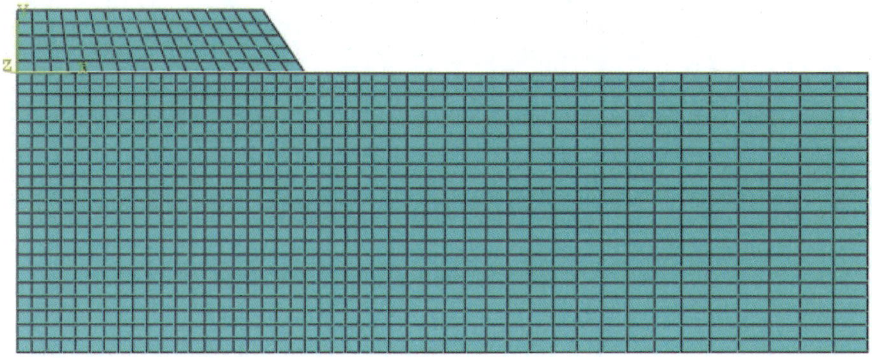

图 5-2　地基有限元网格划分

5.2.3　路基竖向沉降及水平位移

打设塑料排水板后地基水平位移和竖向位移等值线如图 5-3 和图 5-4 所示。由图可以看出打设塑料排水板加快软土地基沉降固结，而且打设塑料排水板区域竖向沉降大于加固区域外地基竖向沉降，地基右侧表面稍有上升，随着荷载时间的延续隆起量逐渐消失。

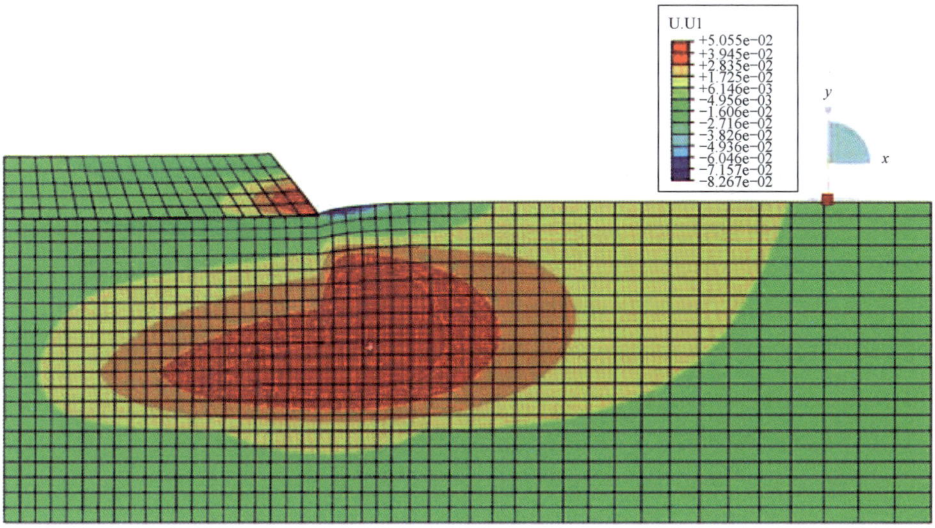

图 5-3　打设塑料排水板地基水平位移等值线图

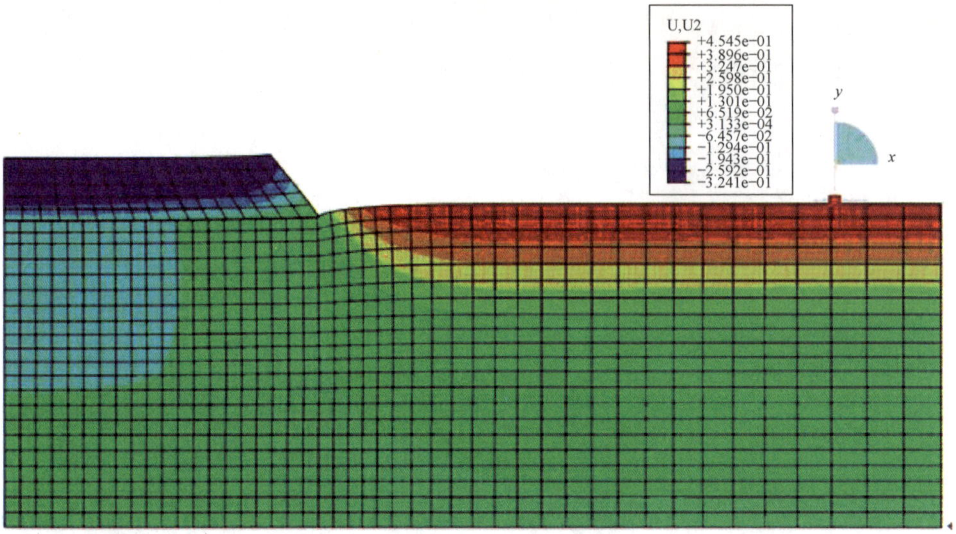

图 5-4　打设塑料排水板地基竖向位移等值线图

5.3　ABAQUS 有限元法分析冲击碾压处理软土地基

5.3.1　冲击碾压路基模型

冲击碾压法处理地基中的影响因素较多，再加上土体本身的变形特征较复杂，故整个地基模型不宜太复杂，本研究作了以下假定：

(1) 模型范围内的土体视为均质各向同性弹塑性半无限空间。

(2) 不考虑地下水的作用。

(3) 夯锤与土层接触面的切向力忽略不计。

(4) 假定夯锤只存在竖向运动，不计绕某一轴的转动。

(5) 冲击过程中产生的热能及声能造成的能量损失不计。

冲击碾压段路基填高较高，强夯的加固作用限于一定的范围，加固区以外的土体可视为不受影响区，其变形视为零（竖向变形为主）。结合强夯法有限元数值模拟有关资料，本章中选取的路基模型为三维模型，夯锤按实际尺寸取半径为 0.75m，高度为 2.0m 的圆柱体，夯锤落地时速度为 14.1m/s。计算模型如图 5-5 所示。

模型的边界条件规定：

(1) 地基对称面边界：沿 *X*、*Z* 轴方向（图中 1、3 方向）位移为零，沿 2 轴方向有位移，在模拟中采用简支的支座形式。

(2) 地基侧面边界：沿任何方向位移均为零，采用固定支座。

(3) 地基底面边界：沿 *Y* 轴方向（图中 2 方向）位移为零。

(4) 地基表面边界：地基表面为自由边界，不加任何约束。

(5)夯锤边界:假定下落及冲击过程中,只发生 2 方向竖向位移,故约束其他方向位移。

本研究中对土体选用扩展的 Drucker-Prager 弹塑性本构关系,模型所用的参数如表 5-3 所示。

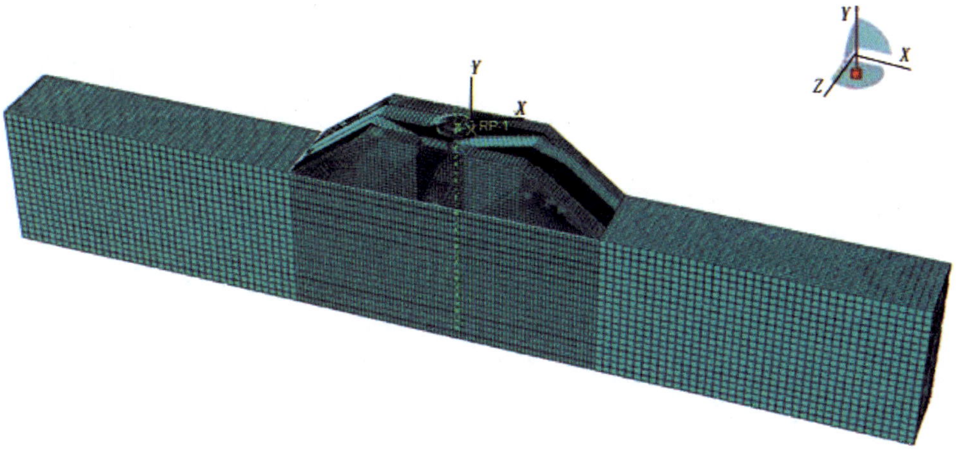

图 5-5　块石强夯法有限元分析模型和网格剖分

有限元模型计算参数表　　表 5-3

类　别	E(MPa)	μ	ρ(kN/m^3)	K	β(°)	ψ
土体	3.42	0.35	1.8	1.0	30.0	0.0

在有限元模型中,将夯锤设定为离散刚体(Discrete Rigid Body),将土体设定为可变形实体(Deformed Solid Body)。一般地,单元选取和网格划分应结合模型和所研究问题的性质而定。本研究,对土体采用了 C3D8R 单元,而夯锤为离散刚体,单元选为 R3D4,可节省大量的计算时间,十分利于夯锤与土体间的接触分析。C3D8R 为三维实体单元,有 8 个线性积分点,是一级单元(First-Orderelment)。第一级单元只在单元的拐角处有节点,在各个方面采用线性插值法求得其他点位移等变量。相对第二级单元的连续质量公式,第一级单元的分块质量公式能更好地对应力波问题进行模拟,因此此类单元能很好地对冲击荷载进行模拟。图 5-6 为 C3D8 单元,C3D8R 为减缩积分单元(Reduced-Integrated),共有 8 个积分点。减缩积分使用较低层次积分形成单元刚度矩阵,而质量矩阵和分配荷载则采用完全积分,减缩积分可节省计算时间。

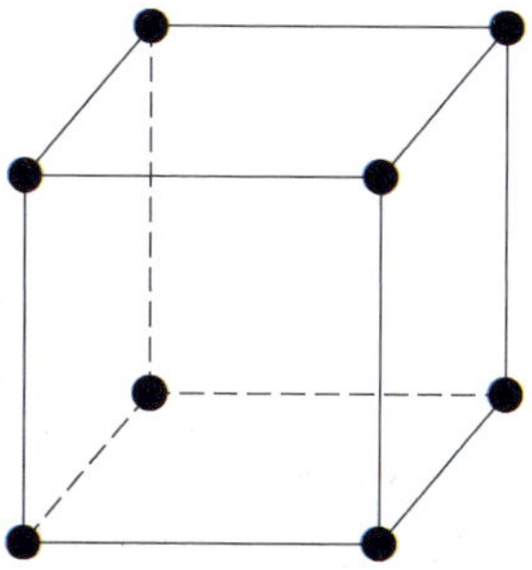

图 5-6　C3D8 单元

本章使用 ABAQUS/Explicit 求解冲击碾压模拟问题,由于该模块与 ABAQUS/Standard 相比具有强劲的接触分析能力,当夯锤冲击地面时,存在着夯锤与地基土之间的接触问题。ABAQUS 对于接触面的模拟提供了两种算法:一为通用接触算法(General Contact

Algorithm),可以对接触问题进行简单的定义,同时对相关的接触面类型有很少的限制;二为对式接触算法(Contact Pair Algorithm),对相关的接触面类型有较多的限制,使用时需对接触面进行慎重的定义,但是应用对式算法可以模拟通用接触算法无法解决的问题。

本章采用对式接触算法,定义两个面,一个为夯锤表面,定义为离散刚体表面(Concrete Rigid Surface),为主接触面(Master Surface);另一个为土体表面的影响区,为从接触面(Slavesurface)。实际模拟中为了在两个面之间建立良好的接触作用,通常的办法是施加一小量级的力,或下移一微小距离,这样可避免发生振颤现象(Chattering),实现平稳求解。

实际施工中,夯锤在重力作用下自由下落,势能转化为动能,与地面接触后将动能传递给土体,从而实现对地基的加固。本章在进行有限元分析时,出于简化模拟过程的目的,同时与研究真正相关的是夯锤与土体接触后的相互作用过程,并且夯锤相对于土体而言其变形是极小的,因此将夯锤视为一个具有初速度的刚体,直接实现对土体的接触和冲击真正。

实测资料表明,强夯与土体表面的接触时间 0.04~0.20s,同时参考其他文献中选定的接触时间,本章夯锤与土层的接触时间取定为 0.06s。

5.3.2 冲击碾压处理软土地基沉降

本次模拟中开展了冲击碾压施工过程模拟,在冲击能的作用下土体竖向位移发生有规律的变化。夯锤与土体接触后,夯击过程中土体变形宏观上表现为夯坑的形成、夯击点土体位移,在模拟中夯锤的位移即为夯击点处土体的竖向位移。图 5-7 给出了夯击作用下夯击点处的竖向位移。

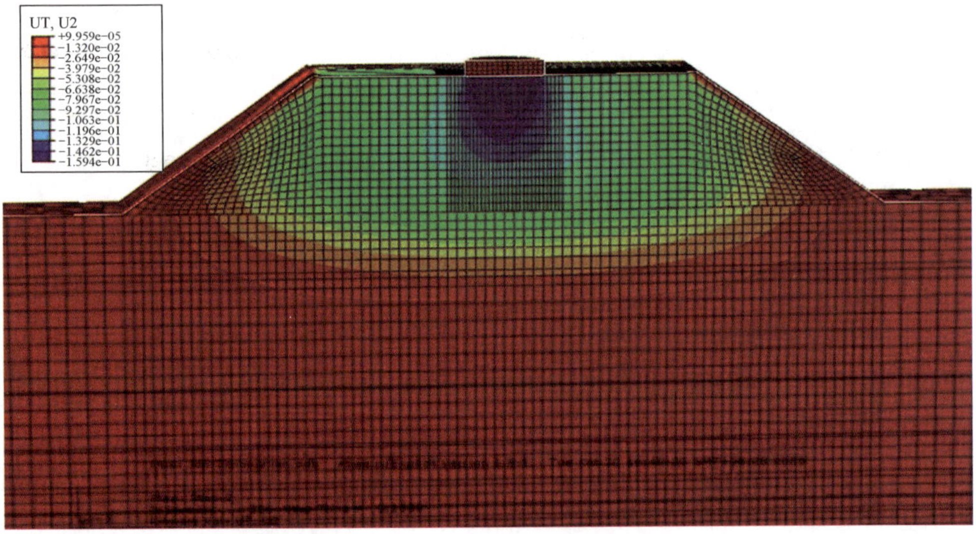

图 5-7 冲击碾压作用下路基竖向沉降等值线图

5.4　ABAQUS 有限元法分析水泥搅拌桩处理软土地基

5.4.1　水泥搅拌桩处理地基模型简化

计算模型取平面应力应变模型，沿路基中心线对称，取其一半建立模型。左边界为对称轴，路基宽 17.25m，计算长度取 60m，断面坡度为 1∶1.5，路基填高为 5.9m。水泥搅拌桩长度为 10m，桩径 0.5m，间距 1.5m，计算深度取 20m。仅以一层土层为例建立路基有限元模型，如图 5-8 所示。地基有限元网格划分如图 5-9 所示。

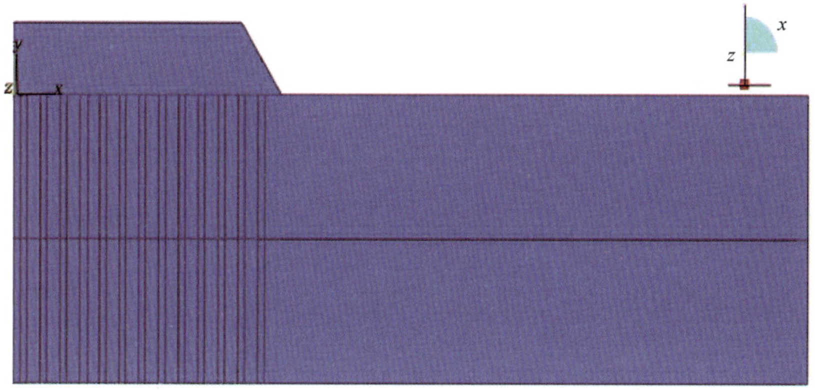

图 5-8　路基有限元模型

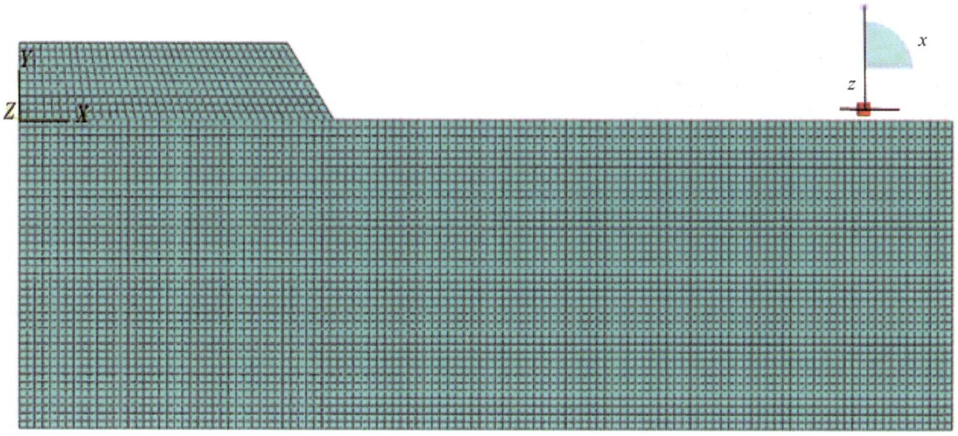

图 5-9　地基有限元网格划分

5.4.2　水泥搅拌桩处理软土地基

基本假定：在路堤荷载作用下，水泥搅拌桩处于弹性阶段，被视为各向同性线性均质弹性体，不考虑格栅的非线形蠕变；只考虑分析模型的初始应力场，初始位移为零，即认为打桩之前土体完成固结，且不考虑打桩的施工过程；各层土和垫层材料服从蒙特卡罗非线性弹性变形规律。

假定桩的重度和桩周土体一致，这样可以获得地应力平衡，且该假设对计算结果不影响。

填土分期填筑，每层土为瞬时加载，分析过程中桩土之间的摩擦系数保持不变。不考虑复合地基在荷载作用下的时间效应，并假定在整个加载过程中产生的超空隙水压有足够的时间消散。地基土体参数及模型计算参数如表 5-4 所示。

地 基 土 层 参 数 表 5-4

土层名称	压缩模量（MPa）	天然重度（g/cm^3）	竖向渗透系数（cm/s）	黏聚力（kPa）	内摩擦角（°）	泊松比
路基填土	10	2.3	1.26×10^{-4}	0	35	0.25
土层	3.5	1.87	1.73×10^{-7}	14	25	0.34

计算模型左侧边界 $x=0$m 和右边界 $x=72$m 为垂直于该面的链杆约束；底面 $z=0.0$m 为铰接约束。

本模型路基加载在 ABAQUS 中的实现同塑料排水板处理路基加载。

5.4.3 路基沉降分析

水泥搅拌桩极大改变了地基变形特性，加固区等值线稀疏，沉降和水平位移向深层土体发展。最大沉降发生在路堤 1/3 高度处，沉降量为 12.39cm，最大侧向位移为 1.22cm。路基竖向沉降如图 5-10 所示。

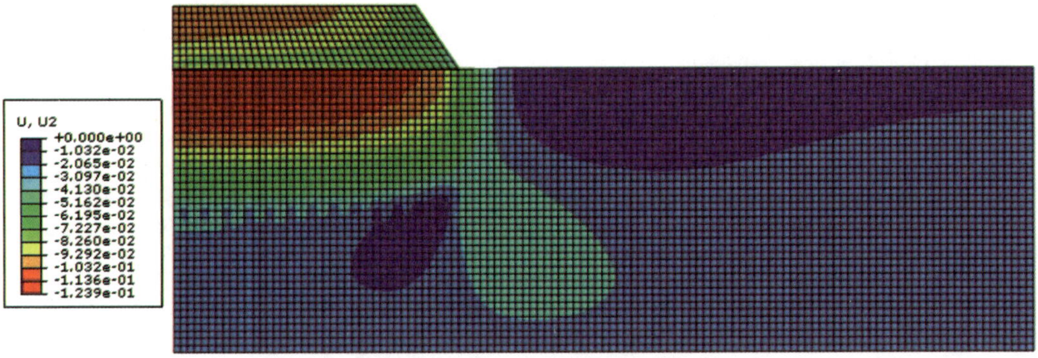

图 5-10 经水泥搅拌桩处理的地基竖向位移等值线图

5.5 非概率可靠性指标的计算

5.5.1 地基稳定性与工后沉降控制标准

软土地基上公路路堤的设计与施工质量在很大程度上取决于地质资料的真实性和代表

性,应对资料作对比分析,结合现场情况、取样试验过程评价资料的可靠性。用于设计计算的数据一般不得用作单孔资料,应把同一地层的同一指标用数理统计方法进行整理,从中选出代表性数据用于计算。

软土地基处治设计包括稳定处治设计和沉降处治设计,《公路路基设计规范》(JTGD30—2004)中当路面设计使用年限(沥青路面 15 年,水泥混凝土路面 30 年)内的残余沉降(简称工后沉降)不满足表 5-5 的要求时,应针对沉降进行处治设计。同时根据在软土路基上建造高速公路的经验,一般高速公路地基坡趾处最大水平位移与地基中心最大沉降的比值应为 1/6~1/10。

允许工后沉降　　表 5-5

工程位置 / 道路等级	墩台与路基相邻处	涵洞、通道处	一般路段
高速公路、一级公路	≤0.1m	≤0.2m	≤0.3m
二级公路	≤0.2m	≤0.3m	≤0.5m

5.5.2　非概率可靠性指标的计算

本章以上几节应用 ABAQUS 有限元数值模拟分析法对路基沉降的各种处理方式进行讨论,由此得到各种处理方式下不同路段的沉降值。本节将应用基于区间模型的非概率可靠度计算方法对软土路基沉降进行分析,并为工程安全评估提供可靠依据。

土层参数(压缩模量、泊松比、孔隙率、渗透系数等)的统计依靠现场地质勘探,由于采样点数不充分,将其看做区间变量更合理。根据工程实际,分别取各参数 5%、10%和 15%的区间值,通过参数区间大小的改变,根据式(3-5)求得功能函数的区间,然后根据式(3-9)基于区间模型可靠度计算方法,求得各种方式处理下路基沉降的可靠性指标大小,具体方法如下所述,并通过各参数变化分析可靠性指标的参数敏感性。

根据式 $M=r-s=0$,首先取双区间变量的功能方程

$$M = U_{cr} - U = 0 \tag{5-7}$$

式中:U_s,U_{cr}——路基沉降实际区间变量和路基沉降允许区间变量。

根据 $r=R^c+R^r\delta_r$,$s=S^c+S^r\delta_s$

作标准化变换

$$U = U^c + U^r\delta_U,U_{cr} = U_{cr}^c + U_{cr}^r\delta_{U_{cr}} \tag{5-8}$$

式中,U^c、U^r 和 U_{cr}^c、U_{cr}^r分别为 U 和 U_{cr}的均值、离差;δ_U 和 $\delta_{U_{cr}}$为标准化变量。代入功能方程式(3-7)可得

$$M = (U_{cr}^c - U^c) + (U_{cr}^r\delta_{U_{cr}} - U^r\delta_U) = 0 \tag{5-9}$$

显然,有

$$M^c = U_{cr}^c - U^c,M^r = U_{cr}^r\delta_{U_{cr}} - U^r\delta_U \tag{5-10}$$

从而,求得非概率可靠性指标

$$\eta = \begin{cases} \dfrac{U_{cr}^c - U^c}{U_{cr}^r + U^r},U^c \geqslant U_{cr}^c \\ 0 \end{cases} \tag{5-11}$$

由于 $\eta<0$ 时无实际意义，这里将 η 的最小值定义为零。

5.5.3 非概率可靠性指标在软土路基沉降评估中的可行性分析

路基沉降可靠度问题是一个很复杂的问题，现有的求解方法由于本身的局限性以及影响沉降稳定众多因素的不确定性，求解的结果很难为工程人员提供可靠的数据，其精度往往取决于使用者的经验。数值模拟的精度取决于参数值和所选择本构模型的准确性，但岩土体的工程力学行为及它的变形和破坏机理往往是随机的、模糊的、不确定的，这种不确定性使得工程技术人员在计算时给出数值计算参数和荷载的精确值比较困难，但给出参数和荷载的上下限则是比较容易的。如对土体材料，人们很难给出弹性模量和泊松比的精确值，但对于工程技术人员来说，给出一个材料参数的上下界限却不难，且容易为工程技术人员所接受。因此，不确定量采用区间数描述，认为不确定量是某闭区间范围内大小未知的一确定值，在区间数学的基础上，结合有限元模拟方法进行不确定性分析，就为更准确地估计和评价沉降可靠度提供了一种可靠的方法。

本节将基于区间模型的非概率可靠度分析方法应用于软土路基沉降工程的安全评估中，提出了一种用参数区间来计算沉降可靠度的新方法，这种方法的优点是可以考虑分析中所涉及计算力学参数和荷载的不确定性，与常规有限元方法相比，计算工作量大大减少，而计算精度能满足工程要求。因而路基沉降可靠性的区间分析方法是一种更合理的评价方法。

5.6 唐曹高速软土路基沉降可靠度分析

在唐曹高速工程中，土层参数（压缩模量、泊松比、孔隙率、渗透系数等）的统计依靠现场的地质勘探，由于采样点数不充分，将其看做区间变量更合理。根据工程实际，取采样点勘测参数的上下限。路基沉降应用 ABAQUS 数值模拟计算方法求解结果。由于本研究区间函数为非线性函数，且每个自变量出现多次，所以用优化法计算功能函数的最大值和最小值，根据式（5-7）求得功能函数的区间，然后根据式（5-11）基于区间模型可靠度计算方法，求得各种方式处理下路基沉降的可靠度，从而为路基的安全评估提供可靠依据，并通过将所需参数区间分别扩大 5%、10% 和 15%，进行非概率可靠性指标的参数敏感性分析。

优化问题可描述如下：

优化变量：区间变量的某个取值 $x_1, x_2, \cdots, x_n$；

优化目标：寻找功能函数的最大值和最小值 $Z_{\max}, Z_{\min}$；

约束条件：$x_1, x_2, \cdots, x_n$ 在各自的区间内。

优化时首先将连续区间进行离散，用枚举法在计算机上编程计算。

5.6.1 塑料排水板处理软土路基沉降可靠度

以唐曹高速工程剖面 K49+650 为例，此剖面地基处理方式为塑料排水板处理，路基填筑材料为炮渣，剖面如图 5-11 所示，在用 ABAQUS 进行数值模拟过程中，将土层进行概化处理，将性质相似土层归为一层，建模并进行数值模拟计算，土层参数及可靠度指标如表 5-6

所示。此剖面中点实际沉降观测曲线如图 5-12 所示。

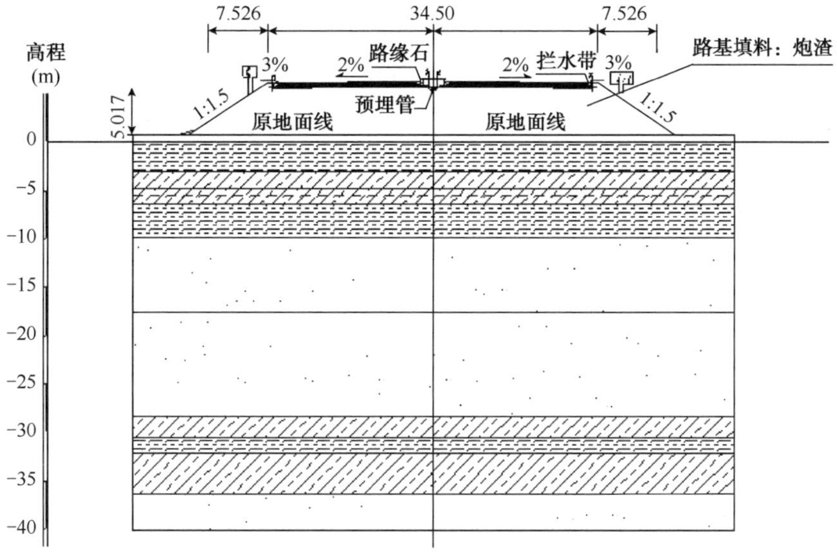

图 5-11　K49+650 剖面图

K49+650 塑料排水板法处理地基参数区间表　　　表 5-6

层号	路基填土	1	2	3	4
层厚(m)	5.0	3.6	2.0	4.8	18.5
天然重度(g/cm^3)	2.20~2.30	1.76~1.88	1.92~1.98	1.86~1.93	1.96~2.16
竖向渗透系数(cm/s)	1.73×10^{-4}~1.87×10^{-4}	6.98×10^{-7}~7.57×10^{-7}	7.45×10^{-7}~7.96×10^{-7}	4.34×10^{-7}~5.27×10^{-7}	1.43×10^{-4}~2.12×10^{-4}
压缩模量(MPa)	9.83~11.24	2.12~2.45	1.73~1.79	1.82~1.87	286.00~313.00
泊松比	0.23~0.27	0.28~0.32	0.29~0.33	0.32~0.33	0.24~0.26
黏聚力(kPa)	0	15.0	10.0	11.0	0.0
内摩擦角(°)	33.0	22.0	25.7	13.5	35.0
孔隙比	1.1	0.8	0.8	0.9	1.8
沉降值(m)	[0.1387,0.1549]				
可靠度(η)	基于区间模型可靠度			5.2242	

注：排水板长度为 9m。

5.6.2　塑料排水板处理软土路基沉降可靠度参数敏感性分析

对剖面 K49+650 首先选取每一个参数的最小值，然后分别将压缩模量、泊松比和渗透系数扩大 5%、10% 和 15%，取此区间进行可靠度指标的计算，从而对可靠性指标的参数敏感性进行分析。在不同参数下的沉降曲线及应力云图如图 5-13~图 5-18 所示。各参数变化对可靠性指标的影响如表 5-7 所示。

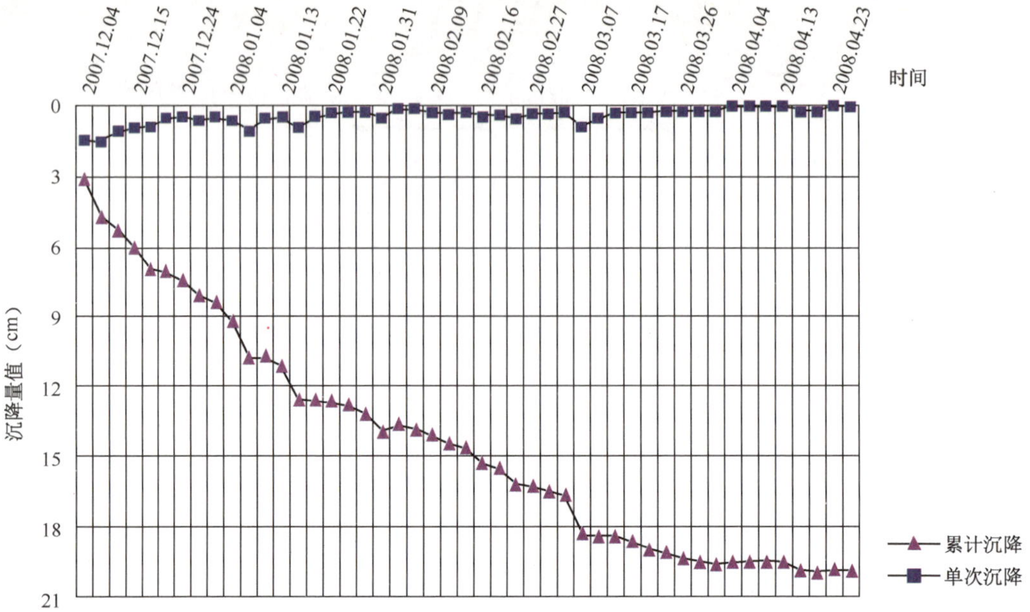

图 5-12　K49+650 沉降点位曲线图

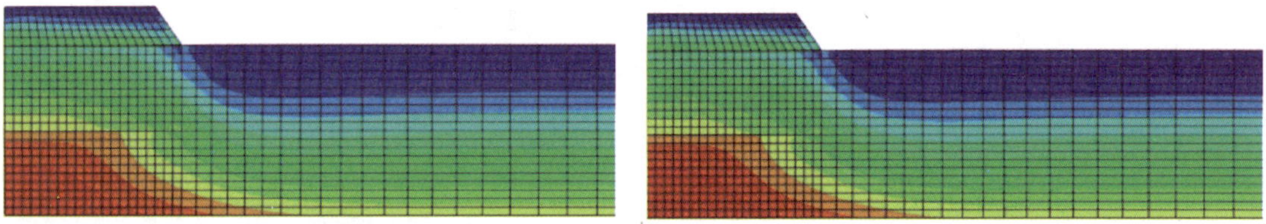

a) 参数为 E　　　　b) 参数变量为 15%E

图 5-13　参数为 E、15%E 时应力云图

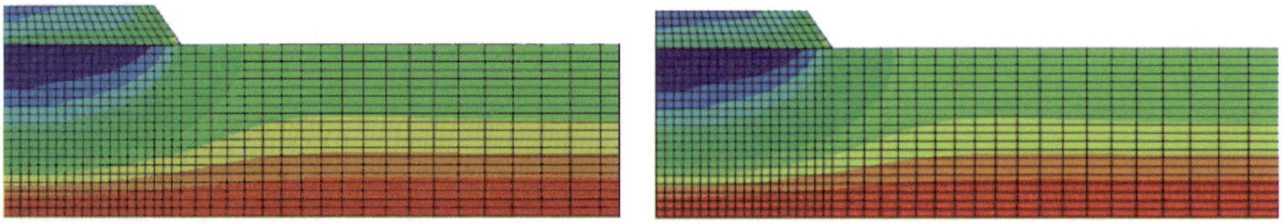

a) 参数为 E　　　　b) 参数变量为 15%E

图 5-14　参数为 E、15%E 时沉降曲线图

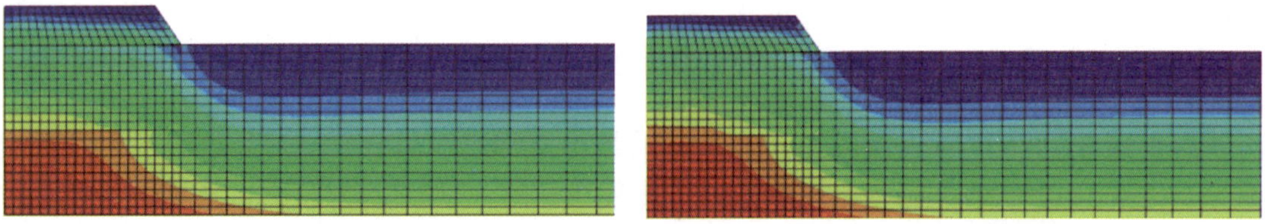

a) 参数为 μ　　　　b) 参数变量为 5%μ

图　5-15

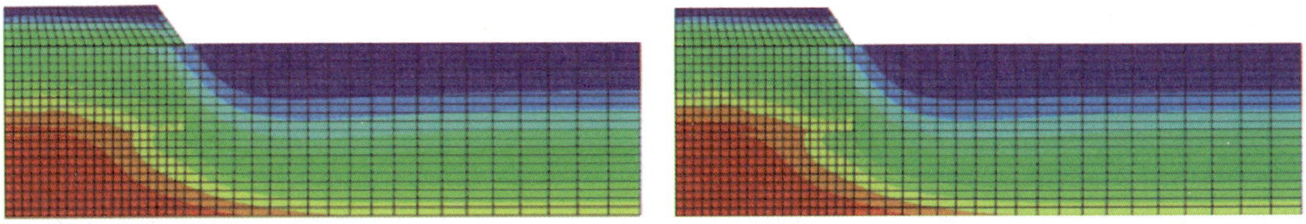

c) 参数为 10%μ　　　　d) 参数变量为 15%μ

图 5-15　参数变量为 μ、5%μ、10%μ、15%μ 时应力云图

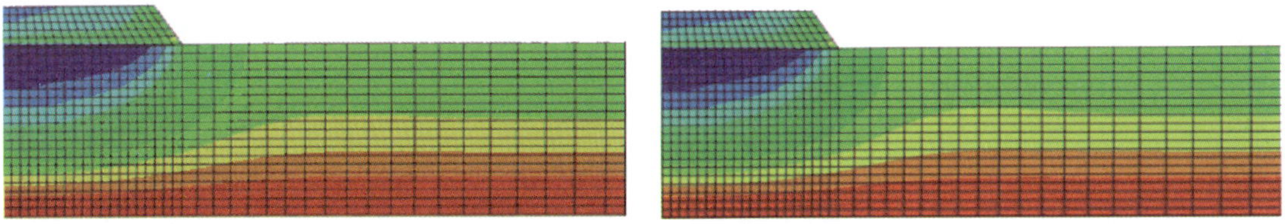

a) 参数为 μ　　　　b) 参数变量为 5%μ

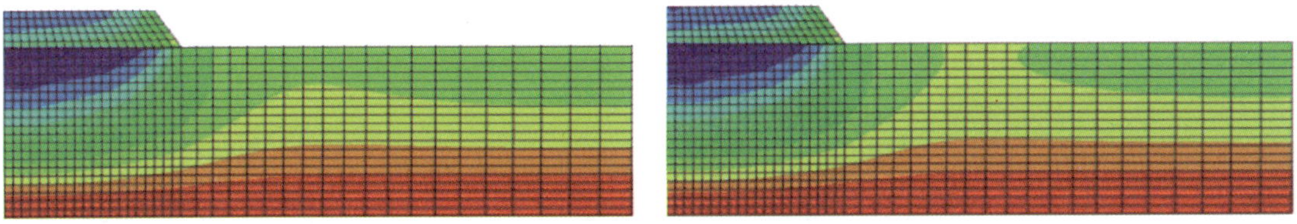

c) 参数为 μ　　　　d) 参数变量为 5%μ

图 5-16　参数为 μ、15%μ 时沉降曲线图

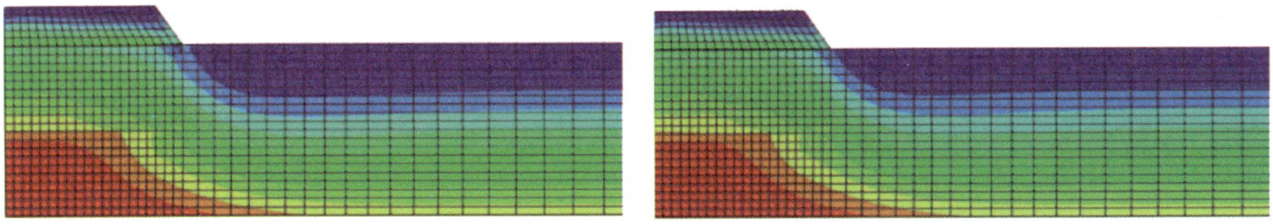

a) 参数为 k　　　　b) 参数变量为 15%k

图 5-17　参数为 k、15%k 时应力云图

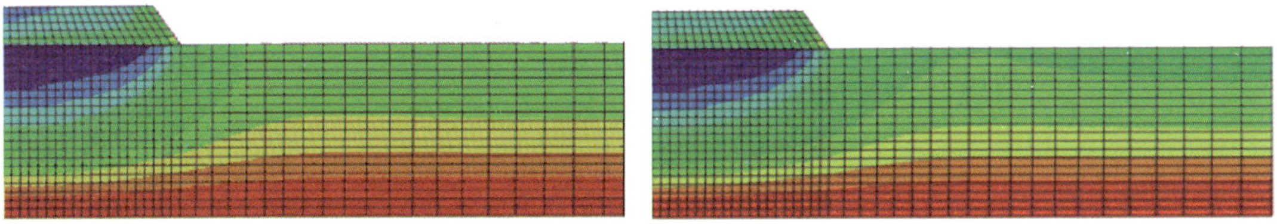

a) 参数为 k　　　　b) 参数变量为 15%k

图 5-18　参数为 k、15%k 时沉降曲线图

K49+650 剖面各参数变化对可靠性指标的影响　　表 5-7

压缩模量			泊　松　比			渗透系数		
E	沉降值(m)	η	μ	沉降值(m)	η	k	沉降值(m)	η
E	0.1400	–	μ	0.140	–	k	0.1400	–
5%E	0.1335	7.0215	5%μ	0.1327	6.9197	5%k	0.1459	6.8431
10%E	0.1276	6.3435	10%μ	0.1248	6.0724	10%k	0.1426	7.4507
15%E	0.1222	5.8443	15%μ	0.1183	5.5381	15%k	0.1463	6.7922

根据计算可知,当压缩模量增加 15%时,最终沉降量随之减小 12.7%;当泊松比增加 15%时,最终沉降量随之减小 15.5%;当渗透系数增加 15%时,最终沉降量随之增加 4.43%。比较得出泊松比对沉降的影响最大,压缩模量对沉降的影响相对较大,渗透系数的变化相对于其他参数对沉降的影响较小。当通过将参数增加 5%、10%和 15%来增大沉降区间时,可靠性指标随之减小。当压缩模量变化时,沉降区间增大了 36.5%,可靠性指标减小 16.77%;当泊松比变化时,沉降区间增大了 33.6%,可靠性指标减小 19.75%;当渗透系数变化时,沉降区间增大了 41.9%,可靠性指标减小 7.43%。由此可见,随着区间的扩张,可靠性指标逐渐减小。通过对比分析,压缩模量和泊松比的变化引起沉降区间的变化,对可靠性指标的影响相对较大,而由渗透系数的变化引起沉降区间的变化,对可靠性指标的影响相对较小。

5.6.3　冲击碾压处理软土路基沉降可靠度

在数值模拟冲击碾压处理地基的过程中,在确定各土层参数时,采用重度、压缩模量、泊松比、黏聚力和内摩擦角 5 个参数取实际勘测区间,而其他参数取这一剖面平均值,应用第 3 章中所述的 ABAQUS 有限元计算经冲击碾压处理路基沉降的方法,对实际工程路段计算进行沉降计算,并应用基于区间的模型进行可靠度分析,计算剖面取 K33+920,剖面地层如图 5-19 所示。此剖面路基填料为炮渣,路基中点实测沉降曲线如图 5-20 所示。各土层参数及可靠性指标如表 5-8 所示。

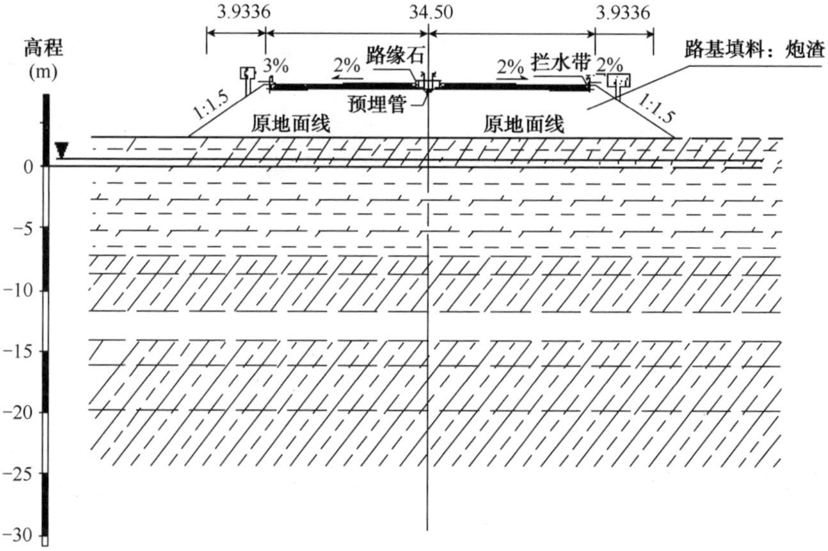

图 5-19　K33+920 剖面图

K33+920 塑料排水板法处理地基参数区间表　　表 5-8

层　　号	路基填土	1	2	3	4
层厚(m)	5.9	8.6	4.5	2.5	10.5
压缩模量(MPa)	7.63~8.48	7.62~8.64	9.23~9.65	400.0~415.0	9.03~9.64
天然重度(g/cm^3)	2.30~2.50	1.89~1.93	1.97~2.03	1.93~1.99	1.94~2.01
竖向渗透系数(cm/s)	1.73×10^{-7}	3.23×10^{-7}	4.17×10^{-7}	8.55×10^{-7}	1.26×10^{-4}
水平渗透系数(cm/s)	1.73×10^{-7}	3.84×10^{-7}	1.66×10^{-6}	1.49×10^{-6}	1.26×10^{-4}
黏聚力(kPa)	0	23.5~25.5	34.2~35.7	21.2~22.5	22.4~25.3
内摩擦角(°)	13.5~15.5	20.6~21.3	21.2~22.5	0	14.1~15.3
泊松比	0.23~0.27	0.27~0.31	0.23~0.27	0.32~0.35	0.22~0.25
沉降值(m)	[0.269 2,0.294 7]				
可靠度(η)	基于区间模型可靠度		1.415 7		

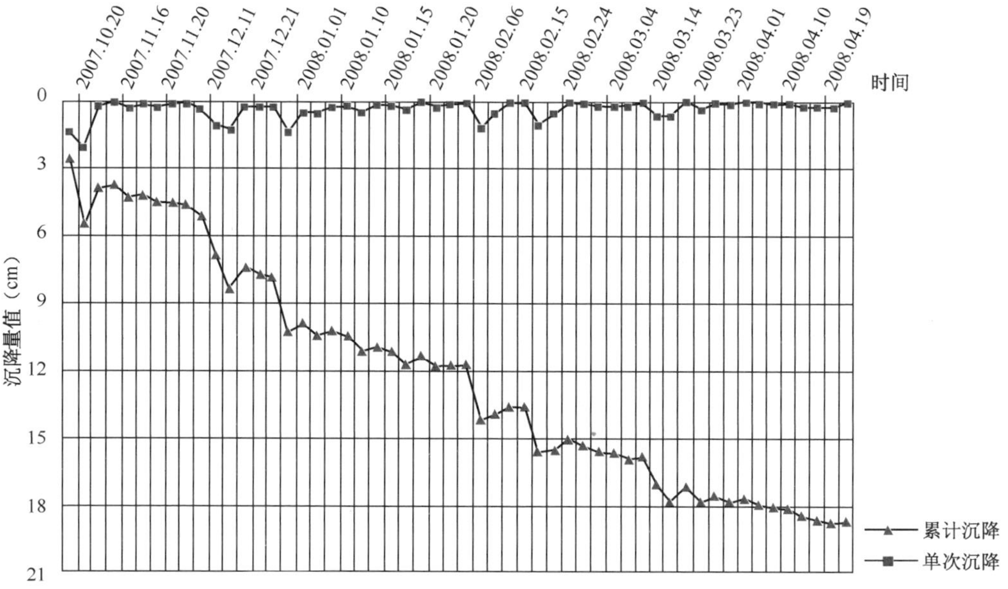

图 5-20　K33+920 沉降点位曲线图

5.6.4　冲击碾压处理软土路基沉降可靠度参数敏感性分析

对剖面 K33+920 首先选取每一个参数的最小值,然后保持其他参数不变,分别将压缩模量、泊松比、黏聚力、摩擦角和土层重度扩大 5%、10%和 15%,取此区间进行可靠度指标的计算,从而对可靠性指标的参数敏感性进行分析。各参数变化对可靠性指标的影响如表 5-9 所示。

K33+920 剖面各参数变化对可靠性指标的影响 表 5-9

压缩模量			泊松比			黏聚力		
E	沉降值(m)	η	μ	沉降值(m)	η	c	沉降值(m)	η
E	0.2273	–	μ	0.2273	–	c	0.2273	–
5%E	0.2268	3.6429	5%μ	0.2279	3.5665	5%c	0.2257	3.5337
10%E	0.2265	3.5314	10%μ	0.2284	3.5109	10%c	0.2231	3.3846
15%E	0.2263	3.3013	15%μ	0.2287	3.4783	15%c	0.2218	3.3165
重度			摩擦角					
G	沉降值(m)	η	φ	沉降值(m)	η			
G	0.2273	–	φ	0.2273	–			
5%G	0.2247	3.6150	5%φ	0.2259	3.5459			
10%G	0.2225	3.5670	10%φ	0.2241	3.4398			
15%G	0.2194	3.2614	15%φ	0.2215	3.3013			

根据计算可知,当压缩模量增加 15%时,最终沉降量随之减小 0.44%;当泊松比增加15%时,最终沉降量随之增加 0.62%;当黏聚力增加 15%时,最终沉降量随之减小 2.42%;当摩擦角增加 15%时,最终沉降量随之减小 2.42%;当土层重度增加 15%时,最终沉降量随之减小 3.48%。比较得出土层重度、黏聚力和摩擦角对沉降的影响最大,压缩模量、泊松比的变化相对于其他参数对沉降的影响较小。当通过将参数增加 5%、10%和 15%来增大沉降区间时,可靠性指标随之减小。当压缩模量变化时,沉降区间增大 50%,可靠性指标减小9.78%;当泊松比变化时,沉降区间增大 57.14%,可靠性指标减小 2.47%;当黏聚力变化时,沉降区间增大 70.91%,可靠性指标减小 6.15%;当土层重度变化时,沉降区间增大 67.09%,可靠性指标减小 9.76%;当摩擦角变化时,沉降区间增大 75.86%,可靠性指标减小 6.90%。通过对比表明,随着区间的扩张,可靠性指标逐渐减小。通过对比分析,压缩模量和泊松比的变化引起沉降区间的变化,对可靠性指标的影响相对较大,而黏聚力、摩擦角和土层重度变化引起沉降区间的变化,对可靠性指标的影响相对较小。

5.6.5 水泥搅拌桩处理软土路基沉降可靠度

选取唐曹高速工程剖面 K11+050 为例,此剖面地基处理方式为水泥搅拌桩处理,路基填筑材料为炮渣,剖面如图 5-21 所示。在用 ABAQUS 进行数值模拟过程中,将土层进行概化处理,将性质相似土层归为一层,建模并进行数值模拟计算,水泥搅拌桩参数如表 5-10 所示,水泥搅拌桩处理地基参数区间表如表 5-11 所示。此剖面中点实际沉降观测曲线如图5-22所示。

水泥搅拌桩参数 表 5-10

布桩形式	间距(m)	桩径(m)	抗剪强度(kPa)	泊松比
等边三角形	1.5	0.5	15.0	0.167

K11+050 水泥搅拌桩处理地基参数区间表　　表 5-11

层　　号	路基填土	1	2	3	4
层厚(m)	5.9	7.7	3.4	12.5	2.4
压缩模量(MPa)	9.83~11.24	2.12~2.45	396.0~413.0	1.82~1.87	396.0~413.0
天然重度(g/cm^3)	2.20~2.30	1.84~1.87	2.00~2.09	1.86~1.92	1.98~2.06
竖向渗透系数(cm/s)	1.73×10^{-7}	3.57×10^{-7}	7.98×10^{-7}	1.26×10^{-4}	7.98×10^{-7}
黏聚力(kPa)	0	34.5~35.0	0	23.7~25.6	0
内摩擦角(°)	33.0~35.0	9.8~11.5	25.0~27.0	17.5~18.7	25.0~27.0
泊松比	0.23~0.27	0.32~0.35	0.32~0.33	0.22~0.27	0.32~0.33
沉降值(m)	[0.166 3,0.198 4]				
可靠度(η)	基于区间模型可靠度			7.3302	

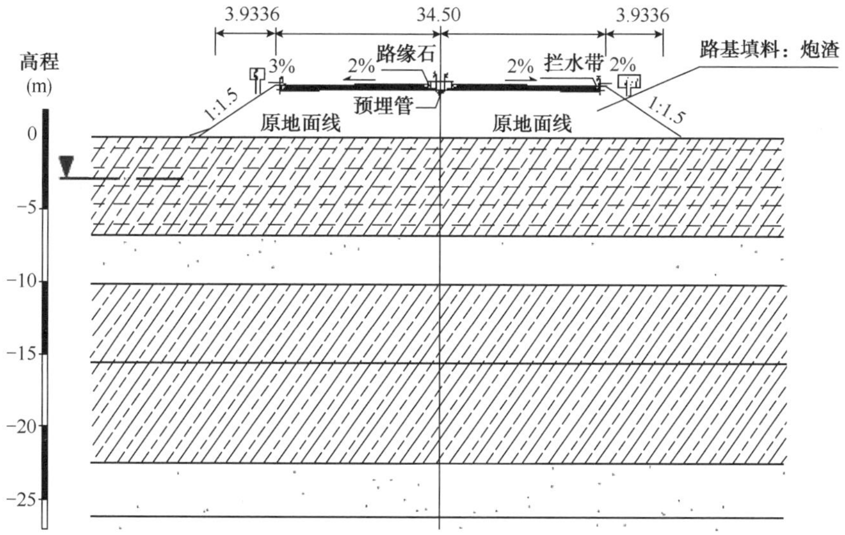

图 5-21　K11+050 剖面图

5.6.6　水泥搅拌桩处理软土路基沉降可靠度参数敏感性分析

对剖面 K11+050 首先选取每一个参数的最小值，然后保持其他参数不变，分别将压缩模量、泊松比、黏聚力、摩擦角和土层重度扩大 5%、10%和 15%，取此区间进行可靠度指标的计算，从而对可靠性指标的参数敏感性进行分析。各参数变化对可靠性指标的影响如表 5-12所示。

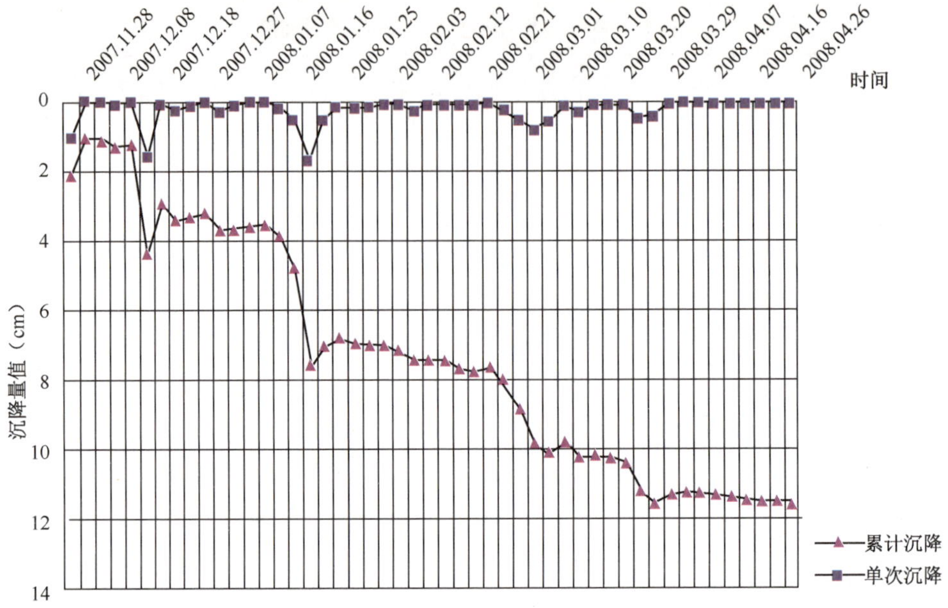

图 5-22　K11+050 沉降点位曲线图

K11+050 剖面各参数变化对可靠性指标的影响　　表 5-12

压缩模量			泊　松　比		
E	沉降值(m)	η	μ	沉降值(m)	η
E	0.1988	-	μ	0.1988	-
5%E	0.1941	4.6331	5%μ	0.1952	4.7248
10%E	0.1898	4.3143	10%μ	0.1913	4.4189
15%E	0.1859	4.0699	15%μ	0.1870	4.1351
黏聚力			摩擦角		
c	沉降值(m)	η	φ	沉降值(m)	η
c	0.1988	—	φ	0.1988	—
5%c	0.1987	5.0499	5%φ	0.1987	5.0499
10%c	0.1985	5.0298	10%φ	0.1986	5.0398
15%c	0.1984	5.0198	15%φ	0.1983	5.0198

根据计算可知，当压缩模量增加 15% 时，最终沉降量随之减小 4.22%；当泊松比增加 15%时，最终沉降量随之减小 5.94%；当黏聚力增加 15%时，最终沉降量随之减小 0.20%；当摩擦角增加 15%时，最终沉降量随之减小 0.25%。比较得出黏聚力和摩擦角对沉降的影响较小，压缩模量、泊松比的变化相对于其他参数对沉降的影响较大。当通过将参数增加 5%、10%和 15%来增大沉降区间时，可靠性指标随之减小。当压缩模量变化时，沉降区间增大 63.57%，可靠性指标减小 12.16%；当泊松比变化时，沉降区间增大 69.49%，可靠性指标减小 12.48%；当黏聚力变化时，沉降区间增大 75%，可靠性指标减小 0.20%；当摩擦角变化时，沉降区间增大 80%，可靠性指标减小 0.25%。通过对比分析，随着区间的扩张，可靠性指标逐

渐减小;压缩模量和泊松比的变化引起沉降区间的变化,对可靠性指标的影响相对较大,而黏聚力、摩擦角变化引起沉降区间的变化,对可靠性指标的影响相对较小。

5.6.7　结果分析

基于区间分析的非概率可靠性分析,目前无规定的目标可靠指标,一般认为只要可靠性指标大于 1,即区间中间值与区间半径的比 η 大于 1 就可以认为安全,而 η 越大越安全。

通过对比分析,经过塑料排水板处理的地基,压缩模量和泊松比对路基沉降的影响较大,沉降的变化幅度与参数本身变化幅度相似。随着压缩模量的增加,路基沉降逐渐减小;而对于泊松比,随着它的值增加,路基沉降逐渐减小。渗透系数对路基沉降的影响较其他参数较小,但是随着渗透系数的增加,沉降会逐渐增大。

而经过冲击碾压处理的地基,土层的黏聚力、摩擦角和土层重度相对于压缩系数和泊松比对沉降的影响相对较大。但通过实际计算数据的分析,这些参数的变化对路基沉降的总体影响并不是很大。其中,随着黏聚力、摩擦角、土层重度和压缩模量的增加,路基沉降逐渐减小,而泊松比的增加使路基沉降逐渐加大。

对于经过水泥搅拌桩处理的地基,土层的压缩模量和泊松比相对于其他参数对沉降的影响相对较大。变化幅度为参数本身变化幅度的一半左右。路基沉降量随着压缩模量、泊松比、黏聚力和摩擦角的增大均减小。

对于可靠性指标,无论地基是经塑料排水板处理,还是经冲击碾压或水泥搅拌桩处理,扩大沉降区间均会使可靠性指标减小,即沉降区间的小变化,将引起可靠性指标的大变化。在这三种处理方式下,压缩模量和泊松比对可靠性指标的影响均较其他参数要大。因此,尽量精确地测定压缩模量和泊松比区间,对可靠性指标的确定有着至关重要的作用。剖面 K33+920、K49+650 和 K11+050 的可靠性指标均大于 1,路基沉降可靠安全。通过对路基沉降的实际观测数据进行数学拟合同样显示,这三个剖面沉降基本稳定,由此可见可靠度指标判断准确。

传统的概率可靠性模型的建立需要较多的数据信息。在实际工程中的,很多情况下,往往难以得到足够的数据信息准确定义概率模型,尤其是在路基沉降可靠度计算阶段。而且,概率可靠性方法用于沉降可靠度计算,通常计算量较大。这在一定程度上限制了可靠性方法在路基沉降中的实际应用。非概率可靠性思想正是针对概率可靠性方法的若干局限性而提出的。

通过工程实例,本章对区间分析方法与实际观测沉降进行了比较研究,进一步阐明了有关概念。实例计算表明,非概率可靠性分析结果与实际观测结果比较一致,从而进一步表明了非概率可靠性方法的有效性和实用性。由于结构的非概率可靠性模型对已知数据的要求较低,它只需知道不确定参量的界限,而不要求其具体的分布形式,可大大降低对原始数据的要求,并且计算过程较为简便,可有效降低结构可靠性设计的计算工作量,具有较好的适用性。在掌握原始数据较少的情况下,非概率可靠性方法为结构的可靠性计算提供了一种可能性选择。

但应该指出,非概率可靠性模型所包含的信息量比概率可靠性模型要少。概率模型比非概率模型更为精细。一般地,当具有足够数据准确描述不确定参数的概率特性时,概率可靠性方法更为适用。当掌握的数据信息较少,而难以准确定义概率模型时,非概率可靠性方法更为适用。

5.7 本章小结

岩土体本身是一个高度复杂的不确定和不确知体系,人们对它的认识存在一定的模糊性和局限性。材料参数、本构模型、计算荷载、计算边界条件(地应力等)、量测的位移和应力等无法准确确定。因此,任何确定性的分析方法对其分析都是不精确的。而随机理论、模糊集理论和区间分析是解决不确定性问题的三种方法。用随机理论或模糊集理论求解问题时,需要知道不确定性参数的概率密度函数或隶属数。当实际数据很少,不能得到足够精度参数的统计特征或当已经确知参数不服从随机机制时,用随机理论和模糊集理论就不能满足分析要求。因此根据不确定性参数的特点研究适应的分析方法很有必要。

非概率可靠性方法近年来一直是工程研究的一个重要课题。基于区间分析方法的可靠度分析,由于其需要的主观数据信息较少,只需要知道参数分布的上下界限即可,因此在评价已知信息较少的沿途问题时,是个很好的选择。

本章主要介绍了非概率可靠度的发展及概念,总结了不同情况下计算非概率可靠指标的多种方法,并将非概率可靠度的分析方法应用于软土路基沉降可靠度分析中,与唐曹高速相结合,得出以下结论:

(1)针对路基沉降可靠性的特点,提出了采用非概率可靠性方法分析路基沉降可靠度的必要性,详细介绍了非概率可靠性的发展、概念和一般运算规则,然后根据不同情况总结了计算非概率可靠性指标的计算方法,包括只含两个变量的线性功能函数、多变量的线性功能函数、非线性功能函数、相关变量函数和一些其他的计算方法;并介绍了区间运算导致区间扩张问题,分析了截断处理、运算顺序处理方法等在区间扩张问题中的作用。

(2)结构的非概率可靠性方法与概率可靠性方法虽然有一定的相似性,但有本质的区别,其基本思想是将结构或构建性能的波动范围与要求的变化范围相比较,以确定其安全可靠度。

(3)应用ABAQUS有限元软件对路基沉降进行数值模拟,并通过优化方法最后求出沉降的区间值,为可靠度分析提供了一定的数据基础。

(4)应用基于区间的可靠度模型对软土路基沉降进行可靠度分析,并与实际工程相结合,验证了非概率可靠性模型在路基沉降可靠度分析中的可行性。通过参数变化的对比分析,确定了沉降可靠性指标对不同参数的敏感性。

软土路基沉降可靠性是一个非常复杂的问题,本章仅对此用区间分析方法做了初步的研究,并将基于区间模型的非概率可靠度计算应用于软土路基沉降可靠度分析中,这种方法只是为软土路基可靠度的评价提供了一种新的可行方法,但还不成熟,许多方面还有待进一步完善和深入探讨。在研究过程中,存在以下几方面问题:

(1)功能函数区间界限的确定问题。区间界限确定的准确与否,直接影响非概率可靠度计算的准确程度。本章仅根据优化方法中的枚举法求取区间界限值。对于涉及参数较多的实际工程问题,这一点是十分重要的。如何更好地确定区间界限,是非概率可靠度计算的关键。

(2)考虑材料的非线性,发展非线性区间有限元。在软土路基工程中,材料多数是非线性的,只有考虑材料的非线性,才能更好地解决实际工程问题。

(3)区间扩张问题。由于在路基沉降过程中涉及参数很多,各个参数对沉降的影响也不同。通过区间运算必然会引起区间扩张,并且扩大真实区间的界限,从而给非概率可靠度的进一步研究带来一定的不准确性。目前,在解决区间扩张问题中,虽然已有学者进行了一些研究,并取得相应成果,但是将这些方法应用于实际工程,还有一定的难度。因此,在实际工程中如何更好地解决区间扩张问题还需要进一步研究探讨。

(4)区间有限元在路基沉降中的应用研究。在本章的具体实践中,深切感受到路基沉降的计算效率极大地限制了其推广应用。因此,区间数学的应用显得十分重要。如何将区间数学和优化方法有效地结合起来,成为今后研究的一个重点问题。

第 6 章　非概率可靠性与路基边坡稳定分析

6.1　概　　述

随着沿海地区高速公路建设的快速发展,软土地区高填方路基稳定性评价是沿海高速公路建设与施工中亟待解决的重要问题。同时路基失稳分析也是岩土工程中重要的研究课题之一,工程实践表明,用极限平衡理论计算的安全系数 K 不足以全面评价路基稳定性状态,而有关研究表明,概率可靠性模型在用于路基稳定性的可靠性分析时存在着两方面的重大缺陷。一是由于土体的性质存在很大的变异性,概率可靠性模型的适用性较差;二是土体的参数统计属于小样本问题,在主观的分布假设下,概率可靠性计算的结果将会失真。因此,研究非概率的可靠性方法不但可以使可靠性理论进一步完善,使不确定性的评价更为合理,而且也非常必要。

20 世纪 90 年代,Ben-Haim 提出了基于凸集模型的非概率可靠性方法。一些学者也提出了基于非概率模型的结构优化设计方法。在工程数据(参数)缺乏难以准确定义概率模型时,非概率可靠性方法是一种较好的选择。在实际工程中一般都能容易地给出各参数的变化区间,而不是概率分布,由于非概率模型对已知数据的要求相对较低,所以非概率可靠性分析方法具有较好的工程实用性。

非概率可靠性的基本思想是通过系统波动范围与要求的变化范围相比较,以确定结构的安全性,有时也称为稳健可靠性或鲁棒可靠性。

目前,非概率方法大体上分为三种类型,区间分析、凸集模型和可能性(模糊集)理论。

不确定性结构的区间分析首先是由 Rao 等提出,采用区间分析时,只要知道不确定性参数的界限,而不需要了解其统计分布特性,对于统计数据缺乏或只能给出参数变化范围的情况非常适用。区间方程的解法可以采用直接法、组合法以及截断法,区间分析也可以用于求解固有频率的特征值问题。

设问题中的不定参量可用区间限界。$y=\{y_1,y_2,\cdots,y_n\}$ 是与结构有关的基本区间变量的集合,其中,$y_i\in Y_i^I(i=1,2,\cdots,n)$。同随机可靠性问题一样,取

$$M=g(y)=g(y_1,y_2,\cdots,y_n) \tag{6-1}$$

为由结构的失效准则确定的功能函数(或极限状态函数),当 $g(g)$ 为区间变量 $g(y_1,y_2,\cdots,y_n)$ 的连续函数时,M 也为一区间变量。设其均值和离差分别为 M^c 和 M^r,并令

$$\eta=M^c/M^r \tag{6-2}$$

按照一般的结构可靠性理论,超曲面 $g(y)=0$ 称为失效面。它将结构的基本参量空间分为失效域 $\Omega_f=\{y:g(y)<0\}$ 和安全域 $\Omega_f=\{y:g(y)>0\}$ 两部分。根据式(6-2),只要 $\eta>1$,则对 $\forall y_i\in Y_i^I(i=1,2,\cdots,n)$,均有 $g(y)>0$,此时结构安全。当 $\eta<1$ 时,对 $\forall y_i\in Y_i^I(i=1,2,\cdots,n)$,均有 $g(y)<0$,结构必然失效。而当 $-1\leqslant\eta\leqslant1$,对 $\forall y_i\in Y_i^I(i=1,2,\cdots,n)$,$g(y)>0$ 和

$g(y)<0$ 均有可能,即结构可能安全,也可能不安全。由于区间变量属于确定性区间,在区间内取任何值的可能性均存在。从严格意义上讲,因为我们不能相信结构能完成预定的任务,此时不能认为结构是可靠的。因此,当结构的所有不确定参数均为区间变量时,可认为结构只有两种确定性状态:可靠或不可靠。由式(6-2)可知,无量纲量 η 的值越大,结构的安全程度越高,因此可用 η 作为结构安全可靠程度的度量。

6.2　工 程 概 况

南堡互通区大碱被交路 NK0+760—NK0+900 段路基发生横向滑移,NK0+760—NK0+900 段路基填高 6.5~8.9m,宽度 22.5m,在进行平整碾压施工时,该路段突然发生横向滑移,NK0+760—NK0+900 段路基左幅距中桩 7m 以外发生严重沉陷,路基沉陷深度为 1~2m,约半幅路基整体向左滑移。坡脚外侧 15m 范围内农田出现推移隆起,隆起高度为 2.5m。NK0+850—NK0+900 段路基多处出现纵向裂痕。

该路基位于软土地基段落,软土深度约 12m,且路基范围内右侧原有地方有纵向水沟一道。路基失稳状况如图 6-1~图 6-5 所示,路堤土层和地基土层参数如表 6-1 和表 6-2 所示。

图 6-1　由于滑坡导致的地面隆起

图 6-2　工程滑坡的剖面图

图 6-3　工程滑坡的纵剖面图

图 6-4　整体滑坡示意图

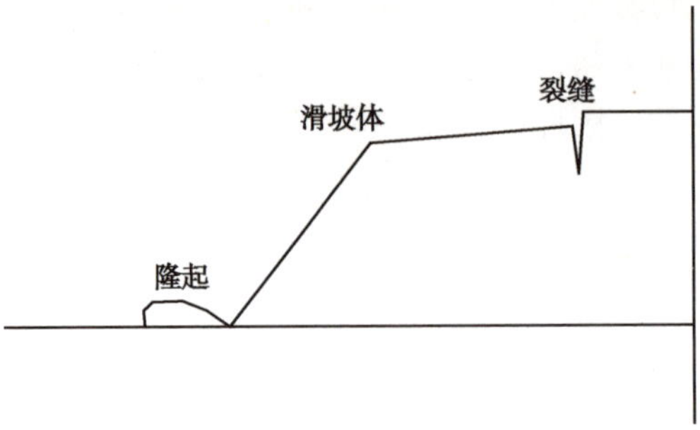

图 6-5　路基失稳示意图

路 堤 土 层　　表 6-1

土层厚度(m)	重度(kN/m^3)	黏聚力 c (kPa)	内摩擦角 φ(°)
8.900	17.000	30	20

地 基 土 层　　表 6-2

土层厚度(m)	重度(kN/m^3)	黏聚力 c(kPa)	内摩擦角 φ (°)
2.4	18.6	11	18
3.4	19	10	12
4.1	18	8	7
5.8	18	30	10

6.3　刚体极限平衡理论分析

以刚体的极限平衡法理论为基础分别计算安全系数,结果如图 6-6~图 6-8 所示。

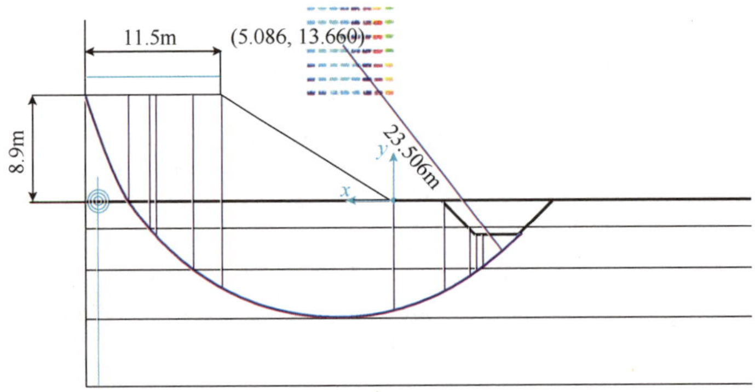

图 6-6　理论计算模型图

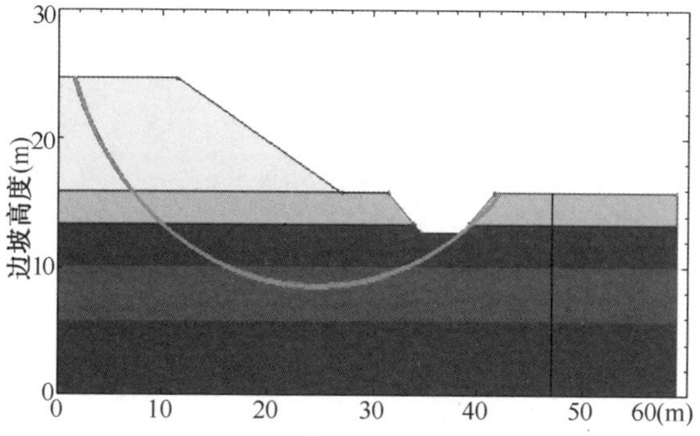

图 6-7　简化毕肖普法计算图

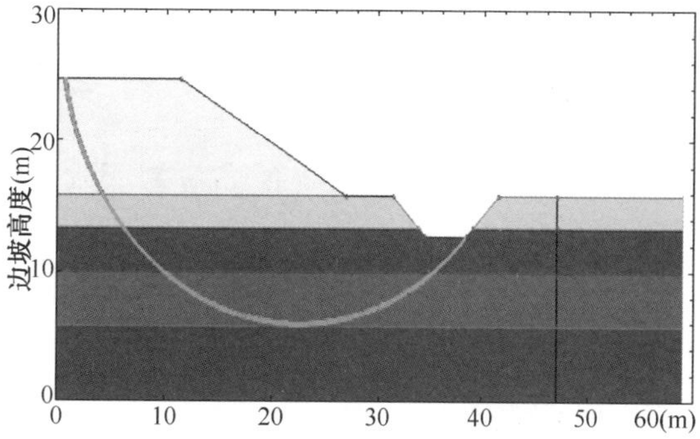

图 6-8　瑞典圆弧法计算图

(1)安全系数法分析。根据极限平衡理论,采用简化瑞典条分法分析,同时不考虑土条两侧面上的作用力。这时,可利用土条底面法向力的平衡条件和整个土体的力矩平衡条件进行求解。

通过最危险滑动面搜索,滑动圆心及滑移半径如图 6-9 所示,各土条参数如表 6-3 所示。通过计算可得边坡安全系数为 $K=1.55$。

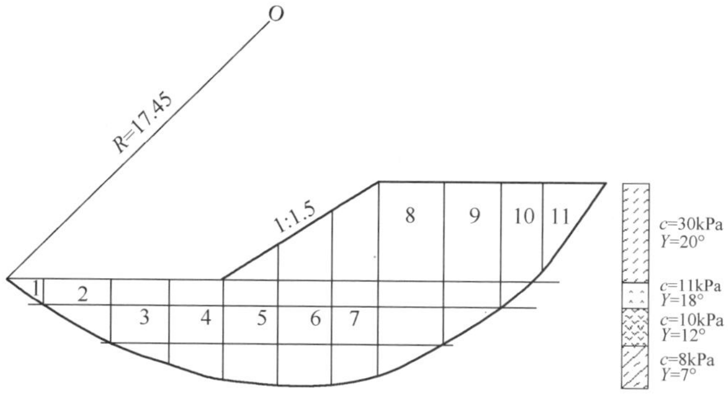

图 6-9　边坡最危险滑动面

各土条参数(土条划分见图 6-9)　　表 6-3

	1	2	3	4	5	6	7	8	9	10	11
α_i(°)	−56.7	−43.8	−28.8	−15.5	−4.3	5.6	15.7	28.3	43.8	56.7	71.8
l_i(m)	2.88	4.92	4.23	3.85	3.01	3.02	3.12	4.55	4.92	2.88	6.35
C_i(kPa)	11	10	8	8	8	8	8	8	10	11	30
φ_i(°)	18	12	7	7	7	7	7	7	12	18	20

(2)概率可靠性分析。假设土坡稳定的极限状态函数为

$$Z=g(M_R,M_S)=M_R-M_S=R\sum_{i=1}^{n}(W_i\cos\alpha_i\tan\varphi_i+c_il_i)-R\sum_{i=1}^{n}W_i\sin\alpha_i$$

将条分法的计算结果带入公式计算可知

$$\mu_Z = R(\sum_{i=1}^{n} W_i \cos\alpha_i \tan\mu_{i\varphi} + \sum_{i=1}^{n} l_i\mu_{ic}) - R\sum_{i=1}^{n} W_i \sin\alpha_i = 12524.29\text{kN}\cdot\text{m}$$

$$\sigma_Z = \sqrt{R^2 \sum_{i=1}^{n} (W_i \cos\alpha_i)^2 \sigma_{i\varphi}^2 (\sec\mu_{i\varphi})^4 + R^2 \sum_{i=1}^{n} l_i^2 \sigma_{ic}^2} = 4056.13\text{kN}\cdot\text{m}$$

可得概率可靠性指标为

$$\beta = \frac{\mu_Z}{\sigma_Z} = 3.1$$

其失效概率为

$$P_f = \Phi(-\beta) = 1 - \Phi(\beta) = 0.001$$

经过分析可知,计算所得的失效概率偏大。

(3)非概率可靠性分析。边坡的极限状态函数为

$$Z = g(M_R, M_S) = M_R - M_S = R\sum_{i=1}^{n} (W_i \cos\alpha_i \tan\varphi_i + c_i l_i) - R\sum_{i=1}^{n} W_i \sin\alpha_i$$

式中:M_R——抗滑力矩;

M_S——滑动力矩;

α_i——第 i 土条底面倾角。

经过计算可得 Z 的均值 M_Z^c 和离差 M_Z^r,由此可得结构的非概率可靠性指标为

$$\eta = \frac{M_Z^c}{M_Z^r}$$

由极值理论进一步计算则可得,$Z=[-5290.64, 30307.5]$ kN·m,于是 $M_Z^c = 12508.43$kN·m,$M_Z^r = 17799.07$kN·m,则可得出非概率可靠性指标为

$$\eta = 0.7$$

故可知该边坡不稳定。

[实例1] 某国道由于开挖形成一均质土质路堑边坡工程,坡高15m,坡角为40°,黏聚力 $c=[28.5, 32.8]$kPa,内摩擦角 $\varphi=[17, 20.6]$,由条分法计算可知,该边坡的最危险滑动面半径为25m,计算所得边坡的安全系数为1.98。

假设边坡的极限状态函数为

$$Z = R(\sum W_i \cos\alpha_i \tan\varphi_i + \sum c_i l_i) - R\sum W_i \sin\alpha_i$$

经过计算有 $Z=[34954.5, 40476]$ kN·m,故可得 $M_Z^c = 37715.25$kN·m,$M_Z^r = 2760.5$kN·m,则非概率可靠性指标为

$$\eta = 13.6 > 1$$

故边坡稳定。

[实例2] 某滑塌的黏土边坡,高度 $H = 6$m ,坡角 $w = 55°$,土的重度 $\gamma = 18.6\text{kN/m}^3$,土的抗剪强度参数黏聚力 c 和内摩擦角 φ 分别为:$c=[8, 10]$kPa, $\varphi = [12, 18]°$,由条分法计算可知,该边坡的最危险滑动面半径为8.8m,计算所得边坡的安全系数为0.96。

假设边坡的极限状态函数为

$$Z = R(\sum W_i\cos\alpha_i\tan\varphi_i + \sum c_i l_i) - R\sum W_i\sin\alpha_i$$

经过计算有 $Z=[-10.44,82.07]$ kN · m,故可得 $M_Z^c=35.82$kN · m,$M_Z^r=46.23$kN · m,则非概率可靠性指标为

$$\eta = 0.88 < 1$$

故该边坡不稳定。

对于稳定的边坡工程,实例 1 的非概率可靠性理论所得的可靠性指标为 13.6;对于不稳定的边坡工程,实例 2 的非概率可靠性理论所得的可靠性指标值为 0.8,可以说明非概率可靠性理论在分析边坡结构的稳定可靠性理论时具有很好的实用性。

经过对概率可靠性理论和非概率可靠性理论的对比分析可知:

(1)概率可靠性理论要考虑概率分布函数或隶属函数,而非概率可靠性理论不需要考虑。因此概率可靠性理论必须要有充足的数据信息或可靠的主观分布假设才能有比较精确的结果。

(2)非概率可靠性理论由于不需要考虑概率分布函数或隶属函数,而概率可靠性理论需考虑,因此其对数据数量要求比较低,在没有足够的数据信息和主观分布假设时也能得到比较精确的结果。

(3)概率可靠性理论认为,如果系统不可接受行为的概率(或失效概率)小得可以接受,则认为系统是可靠的。而后者认为,如果系统性能的变异或波动范围与系统失效区域不相交(或不超出确定的任务范围,或是性能波动的范围小得可接受),则系统是可靠的。结构的状态由非概率体系下的可靠与不可靠代替了概率体系下的安全与失效,具有更强的适用性。

上面工程处理的计算模型为采用刚体极限平衡法计算的模型图,采用的原理都是先通过定出圆点和圆弧的半径,然后通过计算抗滑力矩与滑动力矩比值为土坡的稳定性分析安全系数 K,按照一定的步长再次进行搜索,直到计算出安全系数最小的滑坡面。这种方法不能考虑土体的弹塑性本构关系,以及变形对应力的影响,同时需要事先假定出滑动面。同时在土体条分时需要进行简化,忽略一些土条间的作用力。有限元法可以解决上述刚体极限平衡法的缺点,本文以 ABAQUS 作为平台,采用有限元强度折减法计算本工程的安全系数。

6.4　路基边坡破坏机理分析

路基的边坡在荷载作用下会发生破坏失稳,一般宏观上都表现为坡体发生侧滑,坡顶下沉,坡脚发生起拱抬高。那么,其内部结构是如何破坏的?为什么会发生破坏?这些都是需要解决的问题。要解决这些问题就需要了解其破坏的全部过程中的应力——应变关系变化。

在进行破坏机理的分析时,最重要的是坡体内部的应力和应变的变化过程。经过分析边坡的应力场,可以发现边坡土体的内部受到的是压力、拉力还是剪力,经过分析边坡的应变场,可以发现边坡土体的内部结构发生怎样的位移。

下面就对边坡坡体的应力应变场进行分析,得出边坡的破坏机理。

图 6-10 和图 6-11 为地层在附加应力场作用下的竖向和水平向位移等值线图,从图 6-10 可以看出,当坡体发生破坏时,坡顶发生向下的竖向位移,而坡脚却发生了向上的竖向位移。而从图 6-11 可以看出,在滑坡的底部发生了较大的水平位移,因此可以判断出边坡随着时间的增加,坡体从路基坡顶向下塌落,坡体的滑动导致坡脚的土体被向上顶起。

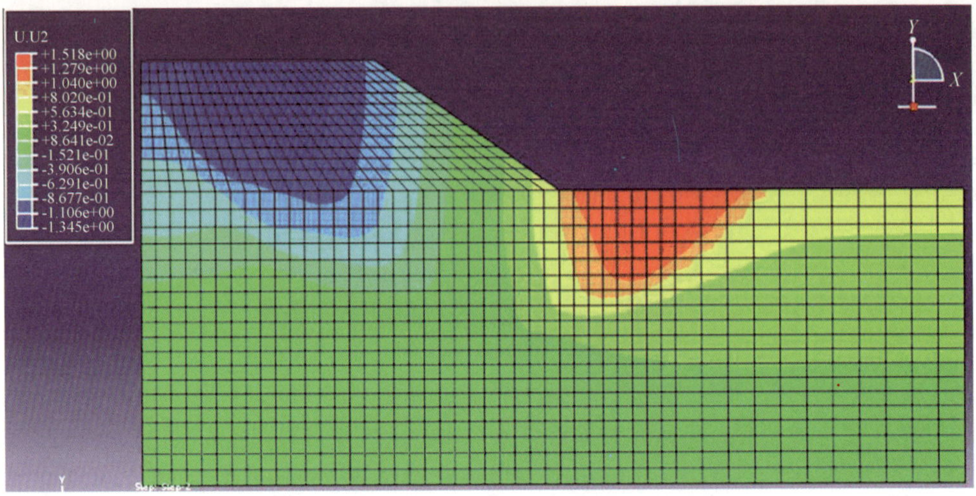

图 6-10　土层在附加应力作用下的竖向位移等值线图

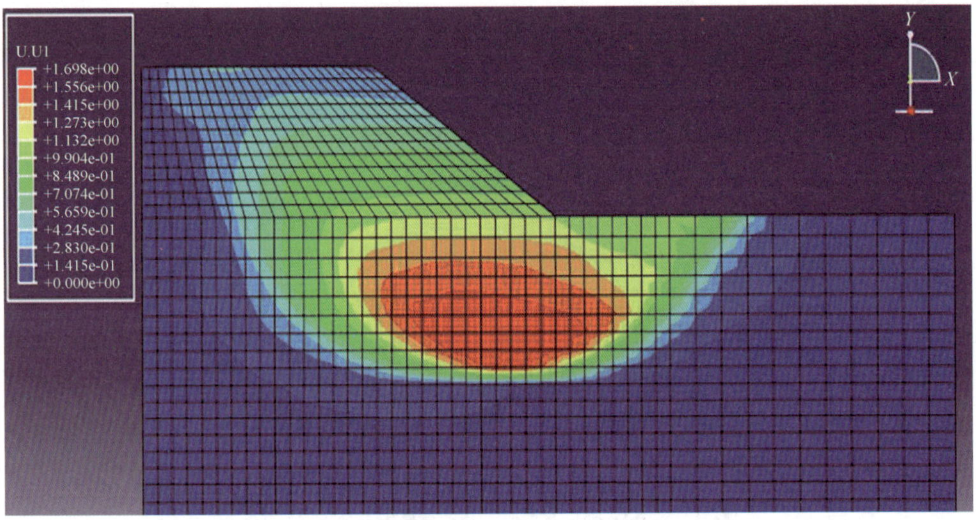

图 6-11　土层在附加应力作用下的水平向位移等值线图

图 6-12 为土层在附加应力作用下的竖向应力等值线图，从图 6-12 可以看出，在路基中心以下一定范围内是土体所受的最大压力区，即为最大正应力作用区。1910 年莫尔就提出了土体的破坏是受到了剪应力作用下剪坏的，并且有破裂面上的 τ 是面上的正应力 σ 的函数。

$$\tau_f = f(\sigma) \tag{6-3}$$

即

$$\tau_f = \sigma \tan\varphi \tag{6-4}$$

故可知，该区域的剪应力大小与坡体在该区域所受的正应力有很大的关系。

图 6-13 为土层在附加应力作用下的水平向应力等值线图，从图 6-13 我们可以很明显地看出，边坡的路基中央位置出现了拉应力区，然而土体的抵抗拉应力作用的能力可以认为是

零,故在该区内土体首先发生破坏,随着时间的推移,拉应力区也扩大。

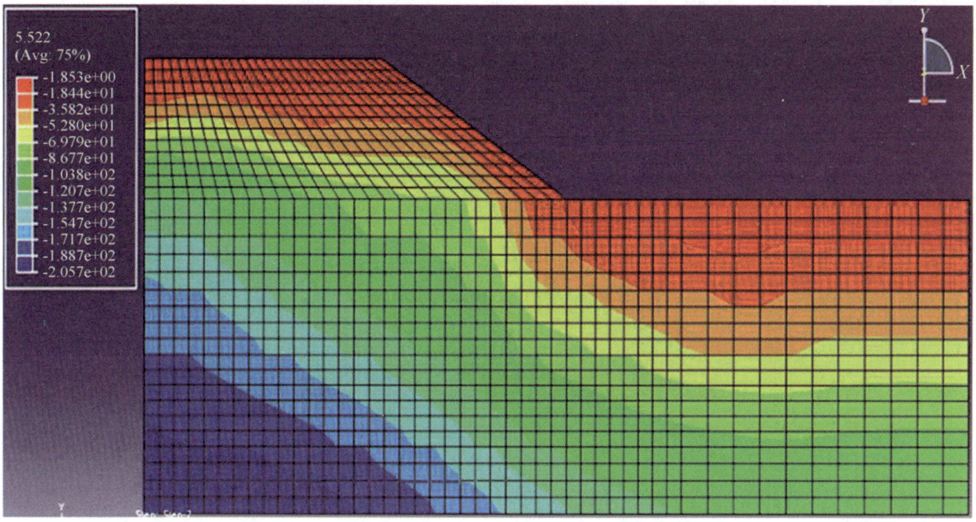

图 6-12　土层在附加应力作用下的竖向应力等值线图

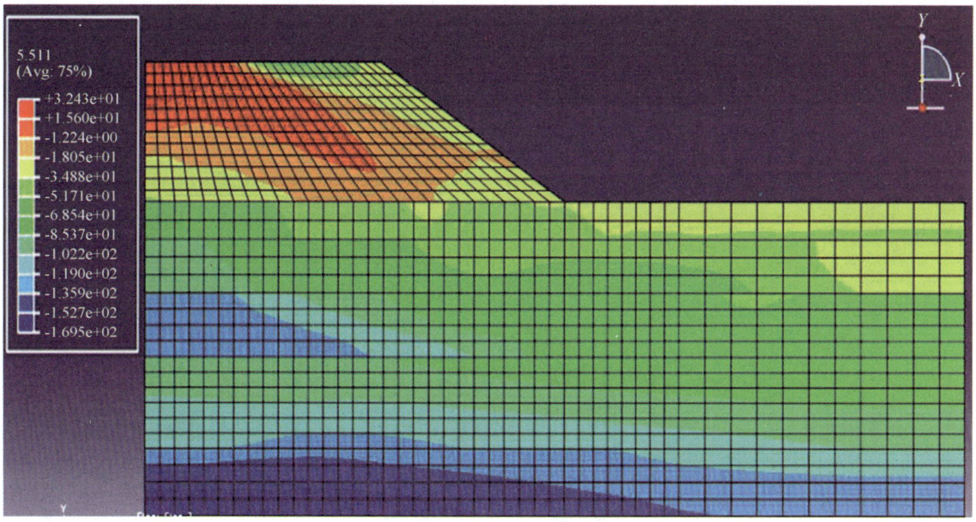

图 6-13　土层在附加应力作用下的水平向应力等值线图

图 6-14 为土层在附加应力场作用下剪应力等值线图,从图 6-14 可以看出,拉应力区下紧接着是一个大剪应力区,该区内的土体要受到剪应力作用,从分析的变化过程可以看出,该区内的土体在剪应力作用全部被剪坏,并且随着时间的增加,剪应力区的作用范围不断扩大且向下延伸。

由 ABAQUS 软件的计算过程可以看出,基本上当附加应力作用在地基上时,剪应力区就出现了,而且拉应力区的出现晚于剪应力区的出现,而坡体位移发生变化却与剪应力区的出现是同时的,从这一点就可以看出剪应力加速了坡体的变形。

图 6-15 为土体发生破坏时的塑性应变等值线图,从图 6-15 可以看出塑性应变等值线是一段圆弧。但是在路基体内塑性应变却很小,这说明上部土体在拉应力和剪应力作用下

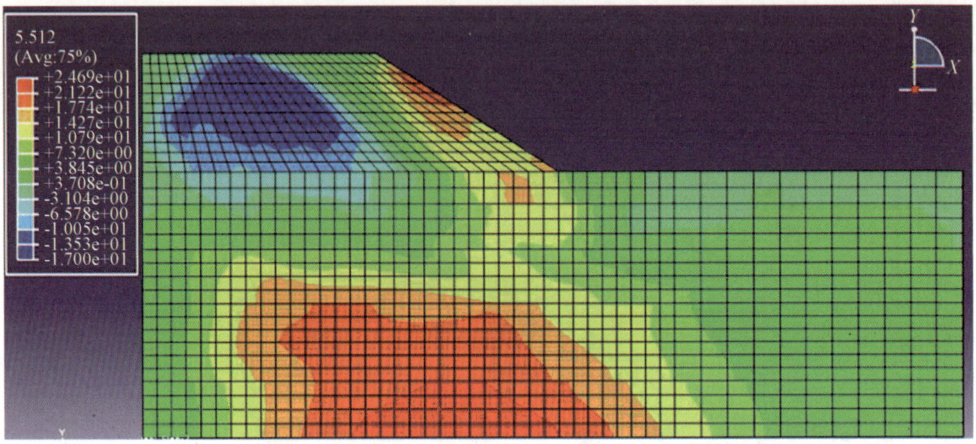

图 6-14　土层在附加应力场作用下剪应力等值线图

已经发生破坏，整个滑动土体就完全作用在了图 6-15 中塑性应变区显示的圆弧内，滑弧贯通了整个滑动区。由软件模拟分析变化过程可以看出，先是在坡体内出现大剪应力区，导致剪应力区内的土体被剪坏而发生变形，随后导致坡顶出现拉应力区，坡顶被拉裂破坏。另外，滑弧上方的土体本身却没有发生太大变化，属于一个分离体，也可以认为是一个刚体，在这一点上，可以看出刚体极限平衡理论具有其合理性。由于坡体内土体被剪坏和坡顶的土体被拉坏，故而分离体的全部重量都作用在了剩下的圆弧之上，由于所剩圆弧不能承受上部土体的重量，因而发生破坏，导致整个边坡的失稳破坏。

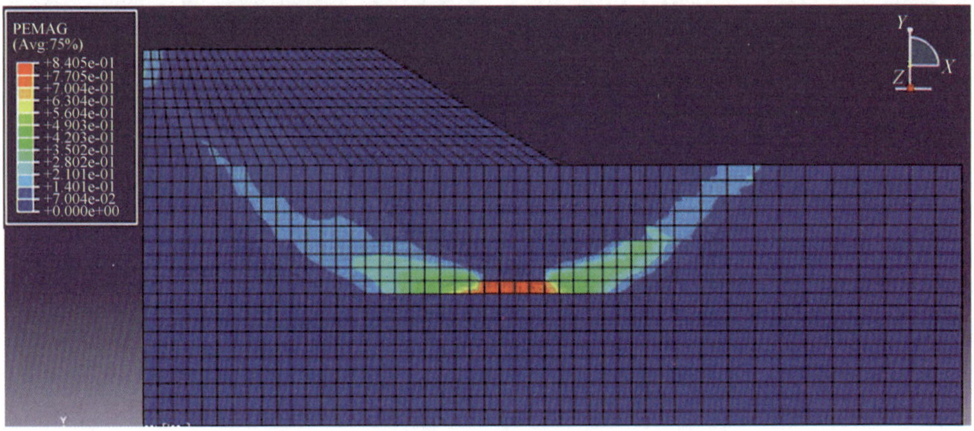

图 6-15　土层在附加应力场作用下的塑性应变等值线图

图 6-16、图 6-17 分别为 B 点、A 点位数与附加应力的关系曲线，我们可以从图 6-16 和图 6-17 看出，随着附加应力的增大，A 点的竖向位移增大，B 点的水平位移和竖向位移都增大，这可以充分说明边坡在发生破坏时其坡顶处向下塌陷，而坡脚却向右。除了破裂面处发生破坏之外，滑块上的土体变化都不大。

综上所述，边坡的破坏机理为：由莫尔-库伦抗剪强度理论得知，由于坡体的重量很大，在路基土体内出现了较大的剪应力作用区，相应区内的土体被剪坏而发生位移，导致坡体出

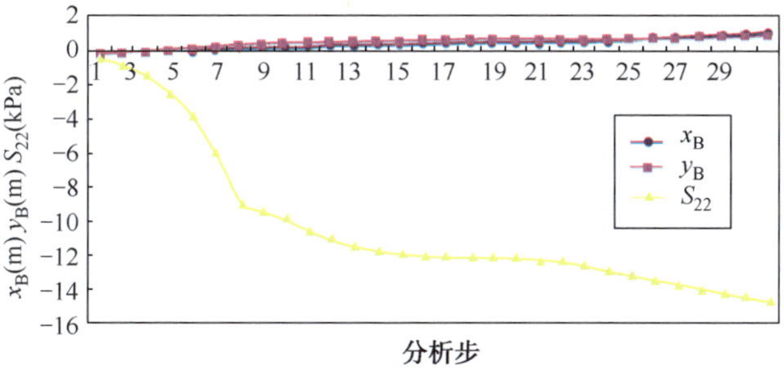

图 6-16　*B* 点位移与附加应力关系曲线

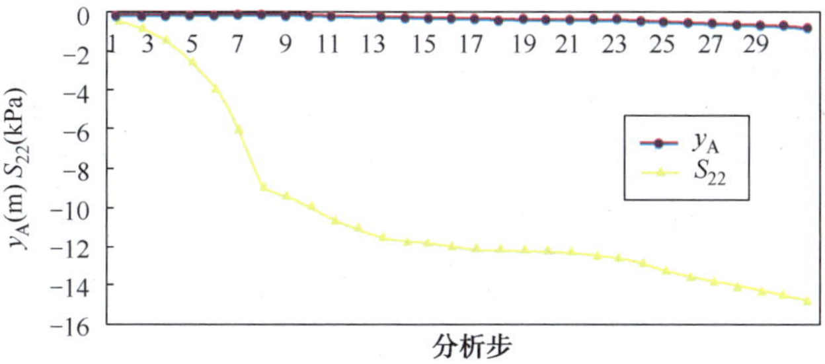

图 6-17　*A* 点竖向位移与附加应力关系曲线

现了拉应力作用区,然而土体不能抗拉,故拉力区内的土体也被破坏了。此时,整个边坡的土体全部作用在了剩余圆弧之上,由于此段圆弧不能抵抗上部荷载所产生的剪应力,发生了沿图 6-15 中所示圆弧的剪切破坏,造成边坡的失稳破坏。

6.5　弹塑性理论分析

6.5.1　有限元模型的建立

本节以 ABAQUS 有限元软件为基础,对滑坡土体采用服从 Mohr-Coulomb 破坏准则与非关联流动法则($\psi=0$)的理想弹塑性本构模型,采用平面应变条件,取 $E=50000$,$\mu=0.3$。

进行稳定性分析,同时分析滑坡的成因与破坏机理,并以其剖面为基础建立二维模型,如图 6-18 所示,其约束边界条件为,基底采用刚性边界,两侧为水平滑动支承,只允许竖向沉降,上部边界为自由边界。采用 ABAQUS 建立计算模型,采用 8 节点四边形减缩单元(CPE8R)模型,共 1307 个节点,其网格划分如图 6-19 所示。

6.5.2　稳定性计算与判别

考虑土体的塑性应变,采用强度折减法对上述模型进行稳定性分析,并将计算结果与采用瑞典法和毕肖普法计算出的结果进行比较,并分析破坏机理,提出采用有限元法确定滑动面的方法。同时因强度折减法存在三种依据:①求解过程中计算的不收敛;②塑性区的贯通情况;③特征节点位移突变法。利用三种依据,分别求出此工程边坡的安全系数。下面就通过此工程实例来分别验证三种判据的正确性。

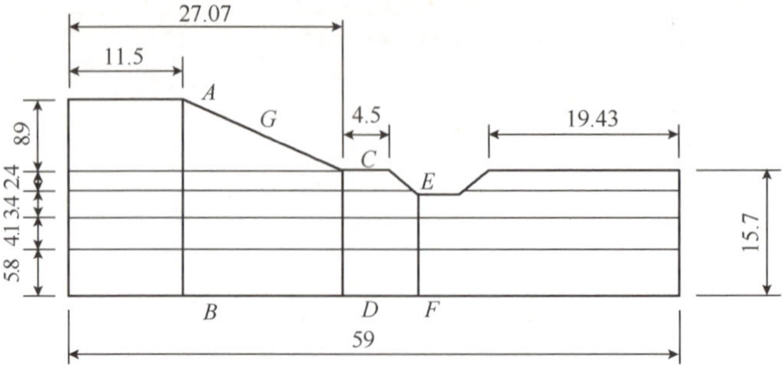

图 6-18　模型图(单位:m)

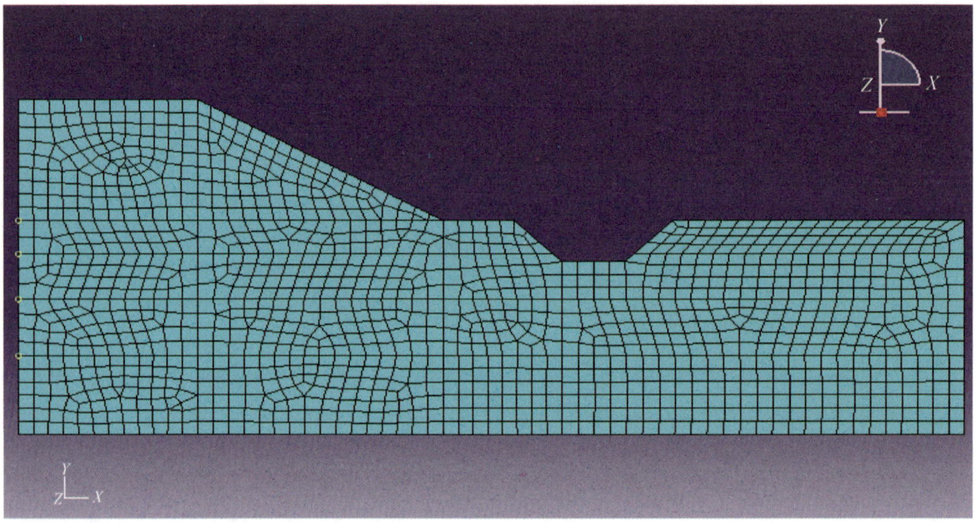

图 6-19　模型网格划分图

稳定系数计算及分析结果如图 6-19~图 6-27 所示。

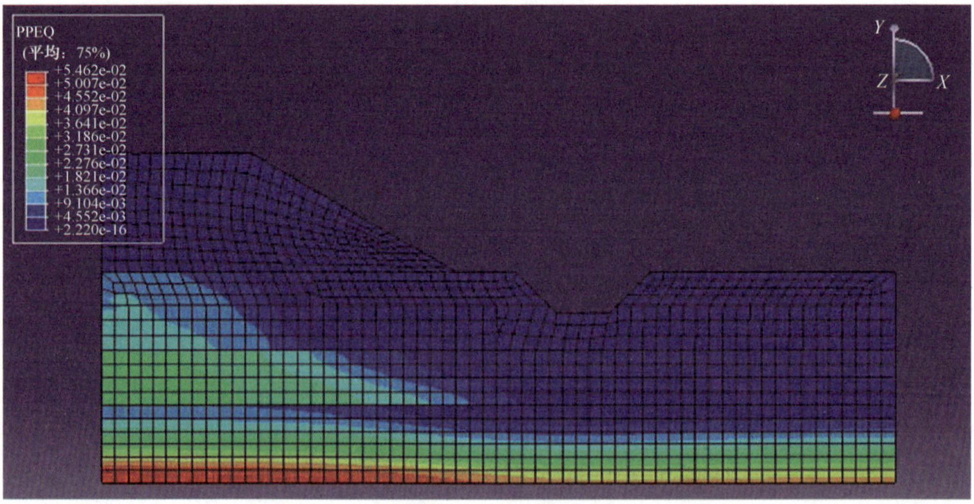

图 6-20　折减系数为 1.0 时等效塑性应变分布图

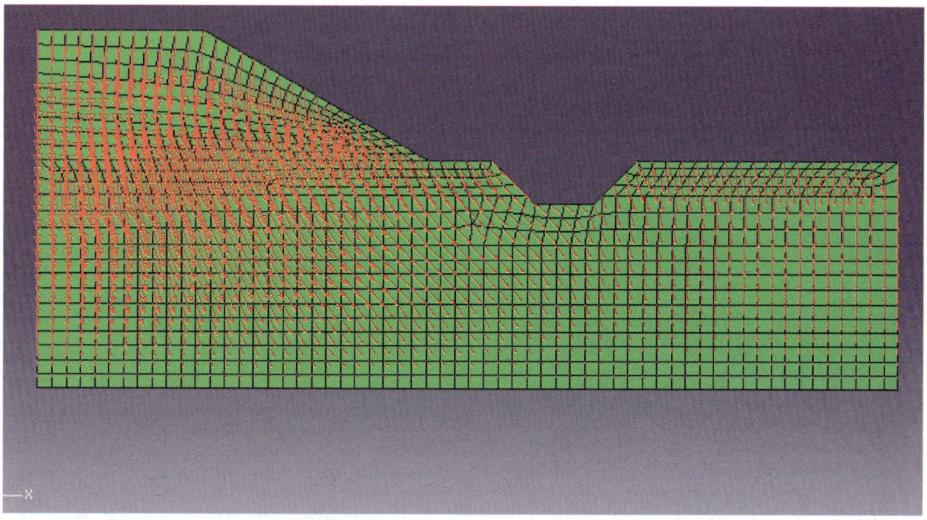

图 6-21　折减系数为 1.0 时位移矢量图

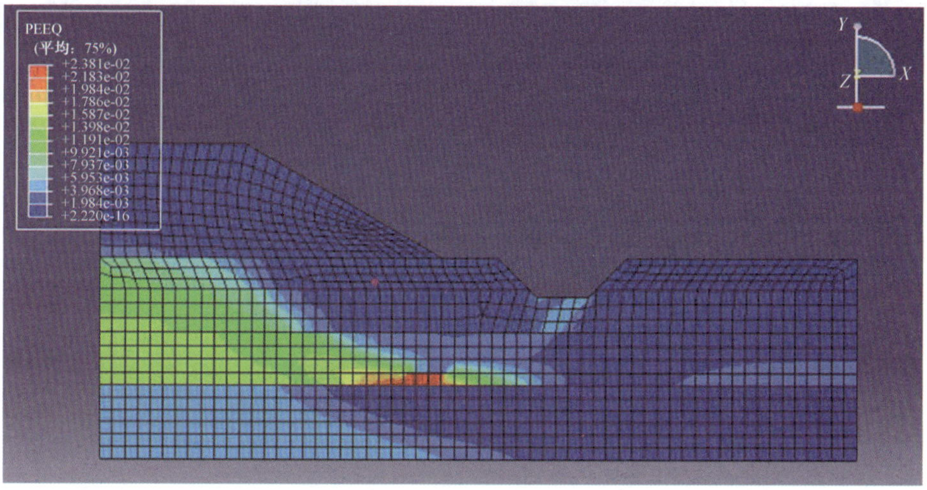

图 6-22　折减系数为 1.05 时等效塑性应变分布图

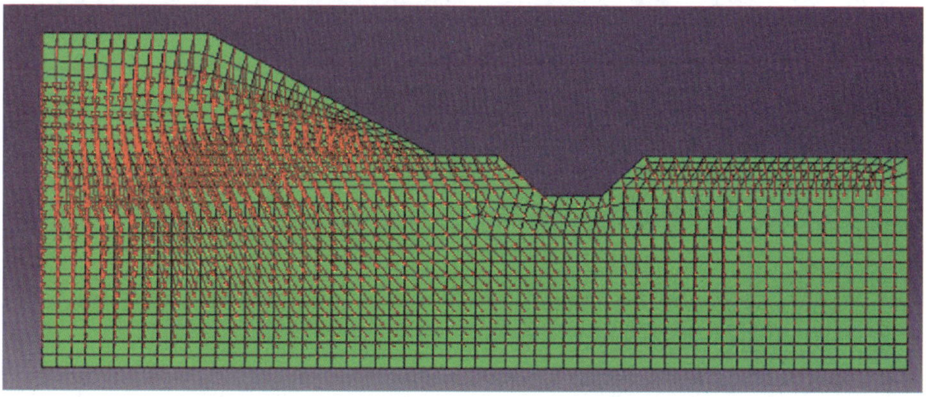

图 6-23　折减系数为 1.05 时位移矢量图

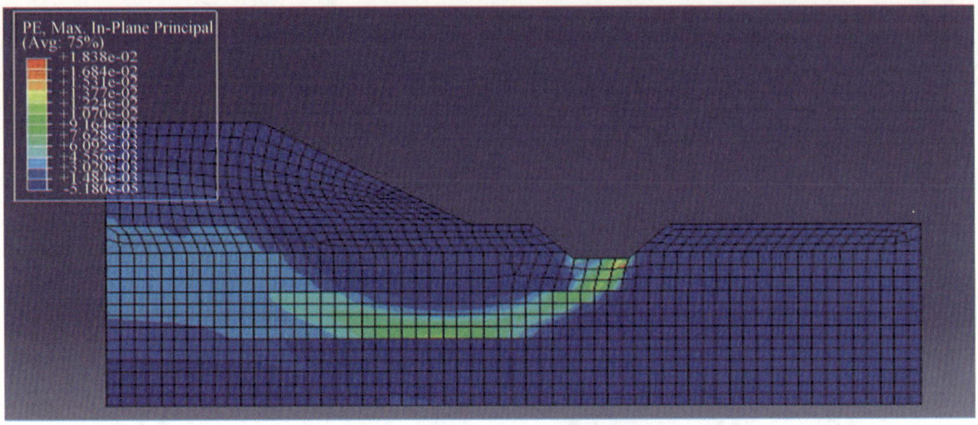

图 6-24　折减系数为 1.09 时塑性应变分布

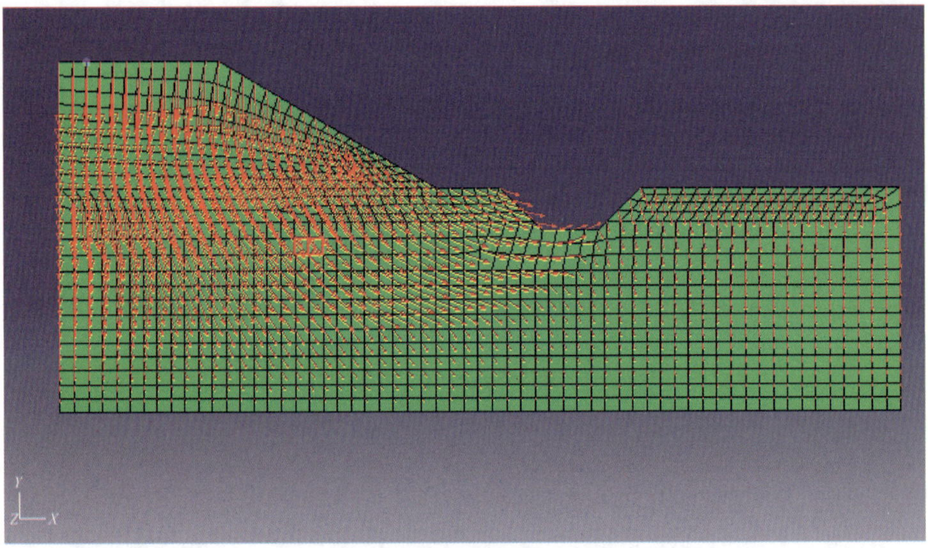

图 6-25　折减系数为 1.09 时位移矢量图

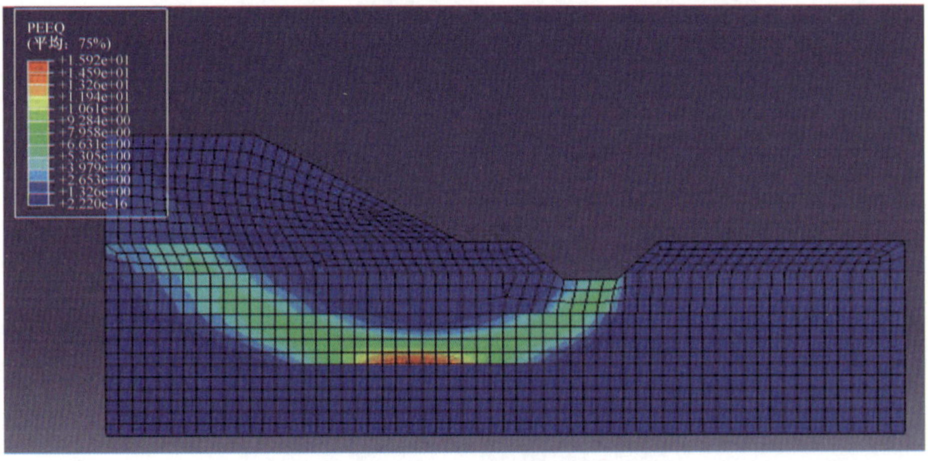

图 6-26　折减系数为 1.14 时等效塑性应变分布

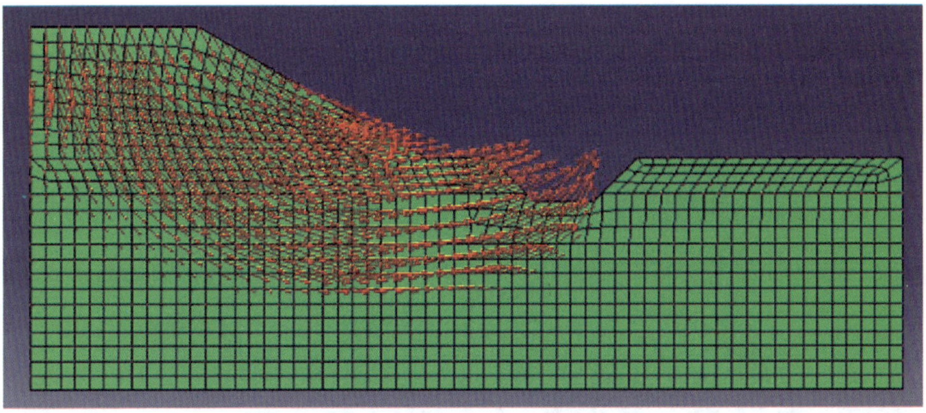

图 6-27　折减系数为 1.14 时位移矢量图

在用强度折减法进行弹塑性体有限元分析时，边坡的稳定性通常采用解的不收敛作为破坏准则。如果计算不能收敛，就意味着没有发现既能满足破坏准则又能满足整体平衡的应力分布，也就说明土体已经被破坏了。本工程在折减系数达到 1.145 时，计算出现不收敛，说明土体已经被破坏。

边坡整体失稳将发生于强度软弱带或应力集中区，该部分土体单元将产生不同程度的不可恢复的塑性变形，若发生塑性变形的软弱带或应力集中区相互贯通，则表明边坡土体内将在相互贯通的剪切破坏面发生整体失稳。塑性应变的发生与发展表明边坡土体屈服或破坏的发生与发展程度，表示屈服或破坏土体内所发生变形中不可恢复的残余变形分量。因此塑性应变的大小能够从本质上描述土体的屈服或破坏的发展过程，采用从坡脚到坡顶贯通，并且出现某一幅值的总等效塑性应变区来评判回填土体的整体失稳破坏是比较合理的。从图 6-27 可以看出，最终在折减系数为 1.14 时，等效塑性应变从坡角到坡顶贯通，认为边坡破坏，说明破坏准则是合理的，能够反映边坡临界状态的特性。

等效塑性应变（The Equivalent Plastic Strain）定义如下：

$$\varepsilon^{p}_{q,n} = \varepsilon^{p}_{q,n-1} + \Delta\varepsilon^{p}_{q} \tag{6-5}$$

6.5.3　土坡的应力场分析

图 6-28～图 6-31 为折减前后土坡内的最大主应力云图。

比较折减过程中的最大主应力云图，可以看到，在不断折减土体参数的过程中，土坡内的主应力在不断地发生变化，随着土体参数的降低，同一点的应力在不断增大，也就是应力场在折减过程中不断变化。

6.5.4　滑坡失稳判断与滑面的确定

本节主要以模型的剖切线 *AB* 为研究对象，分析不同稳定系数下应力、位移、塑性应变的变化规律，如图 6-32～图 6-35 所示，并提出用 ABAQUS 软件仿真土质滑坡确定滑面的简便方法。

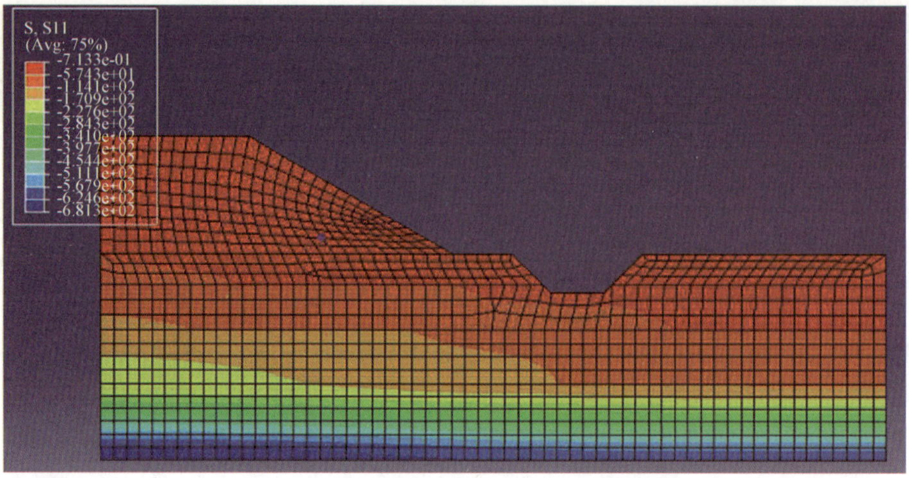

图 6-28　折减系数为 1.0 时 σ_1 的应力云图

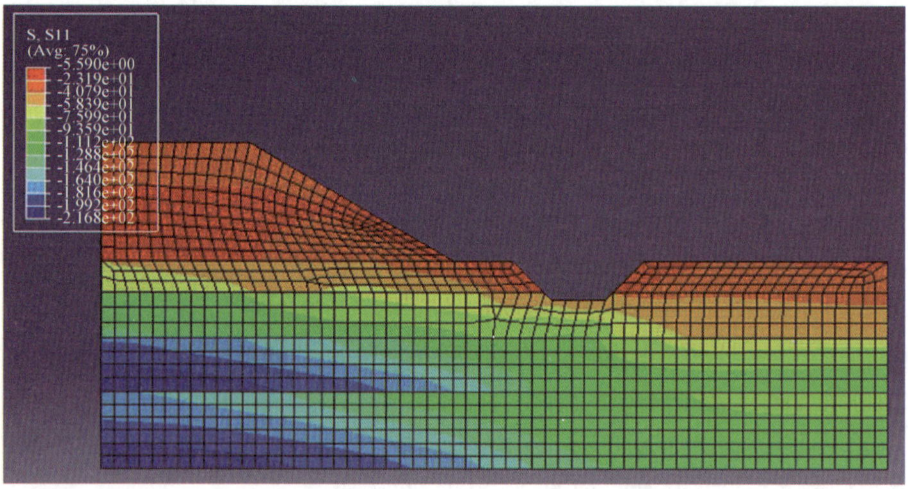

图 6-29　折减系数为 1.05 时 σ_1 的应力云图

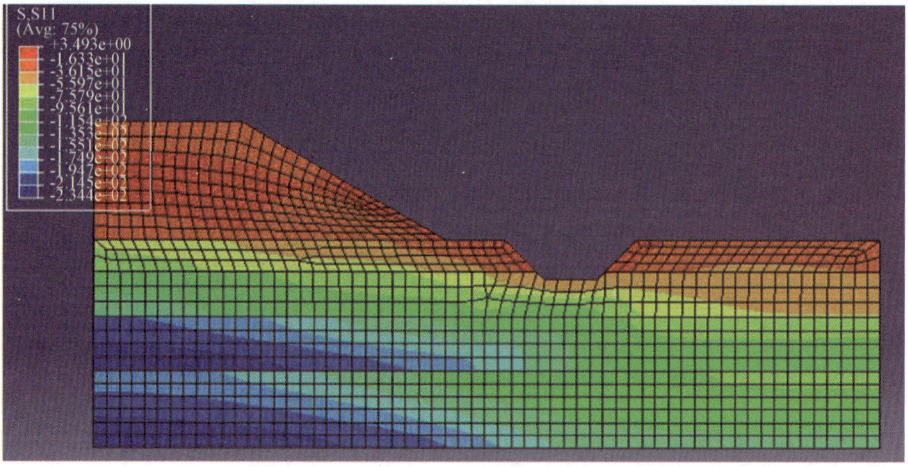

图 6-30　折减系数为 1.09 时 σ_1 的应力云图

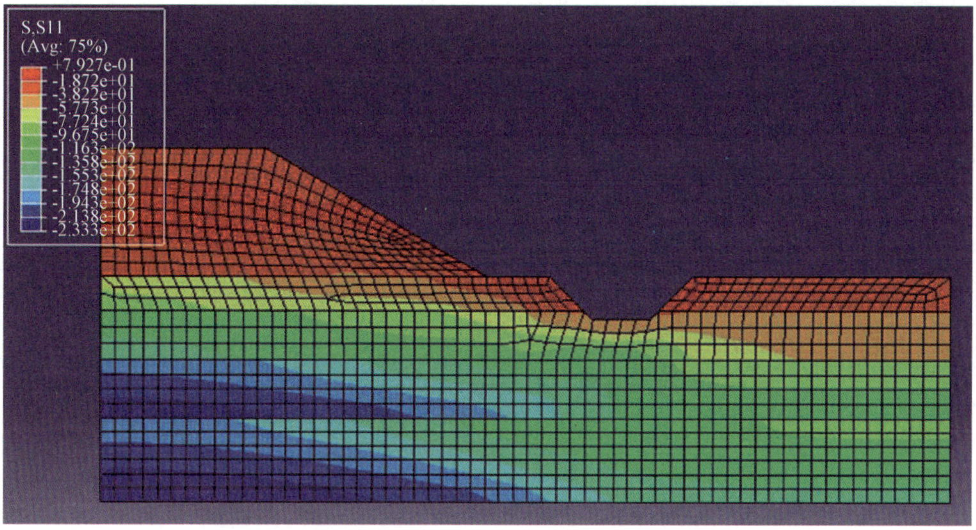

图 6-31　折减系数为 1.14 时 σ_1 的应力云图

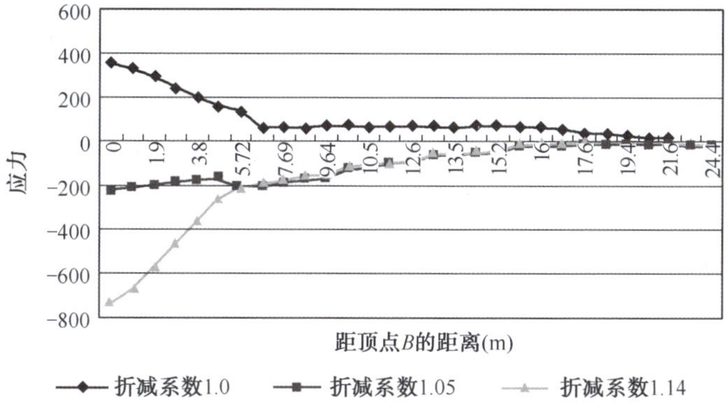

图 6-32　不同折减系数下 *AB* 剖面上各点的应力变化

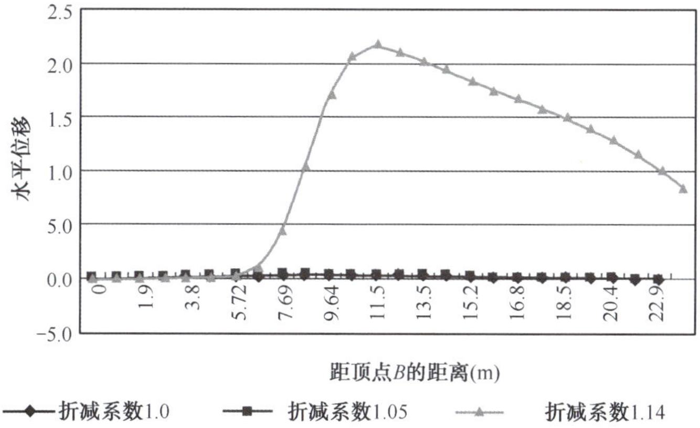

图 6-33　不同折减系数下 *AB* 剖面上各点水平位移变化

可以看出，在折减系数 1.0 和 1.05 的情况下，*AB* 段上各点的位移与塑性应变变化并不大，同时也没有发生塑性突变的现象，同时通过对照也可以看出，此时塑性区未穿过 *AB* 段，因此可以判定此时边坡是稳定的；而在折减系数为 1.14 时，坡面 *AB* 段的位移与塑性应变均发生了突变，同时也可以看出此时塑性区与 *AB* 段相交，说明此时坡面已经发生剪切破坏，所以得到 1.14 为边坡稳定系数。同时还可以看出，在折减系数为 1.14 时，在 *AB* 抛面距坡底 *B* 点约 10m 处，位移与塑性应变发生了突变，由图 6-35 我们可以看到，在不同截面上不同位置上的塑性突变，因此我们可以根据其剖面线与塑性区的相交点确定出滑坡面的深度与位置，计算结果如图 6-36 所示，同时从图 6-32 我们可以看到，σ_x 的变化随各点的深度不同基本成线性关系，这也与土压力随深度不同基本呈线性规律的土压力曲线相一致。

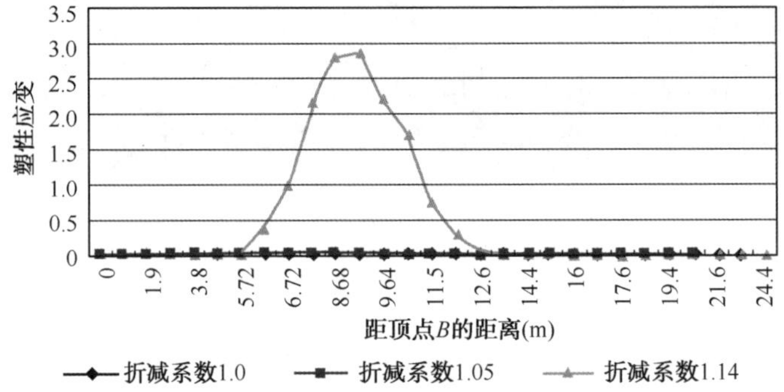

图 6-34　不同折减系数下 *AB* 剖面上各点塑性应变变化

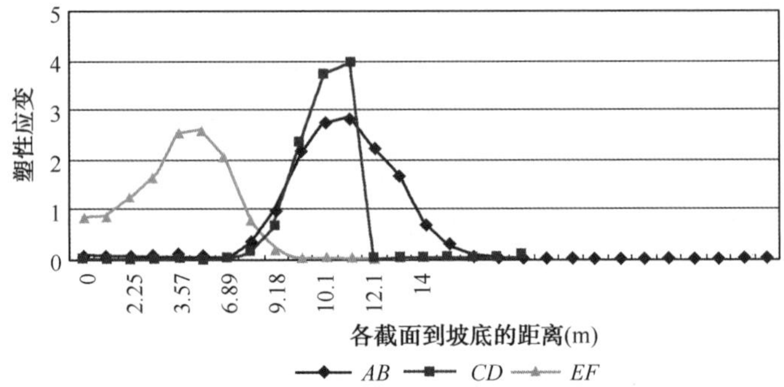

图 6-35　折减系数 1.14 下剖面上各点塑性应变

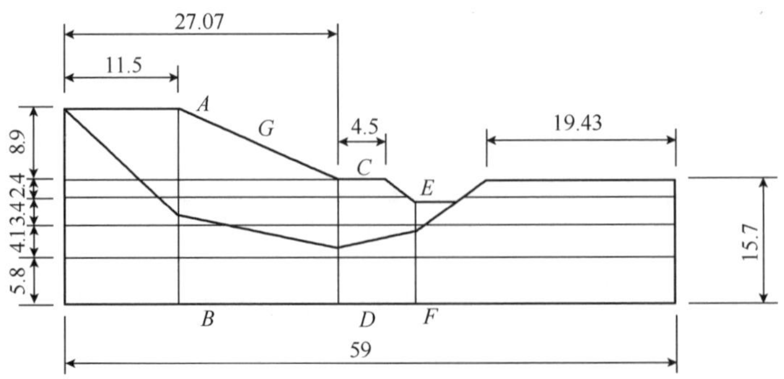

图 6-36　根据各剖面线唯一突变点模拟的滑面形状(单位:m)

目前确定滑动面位置和形状的传统方法主要是在现场勘探的基础上，通过技术人员的分析、判断提出滑动带位置，或根据极限平衡法预先确定出圆心的位置，以及边坡的半径。我们可以看到，通过塑性突变可以事先确定出要滑动面的位置而不用提前预测，这样就为工程应用提供了判断依据。

6.5.5　位移突变法

节点位移突变法较以计算不收敛作为判据考虑了土坡的变形特征，具有明确的物理意义。通常以顶点位移为特征点，作为计算安全系数的标准。图 6-37 ~ 图 6-40 为在不同折减系数时水平位移图。

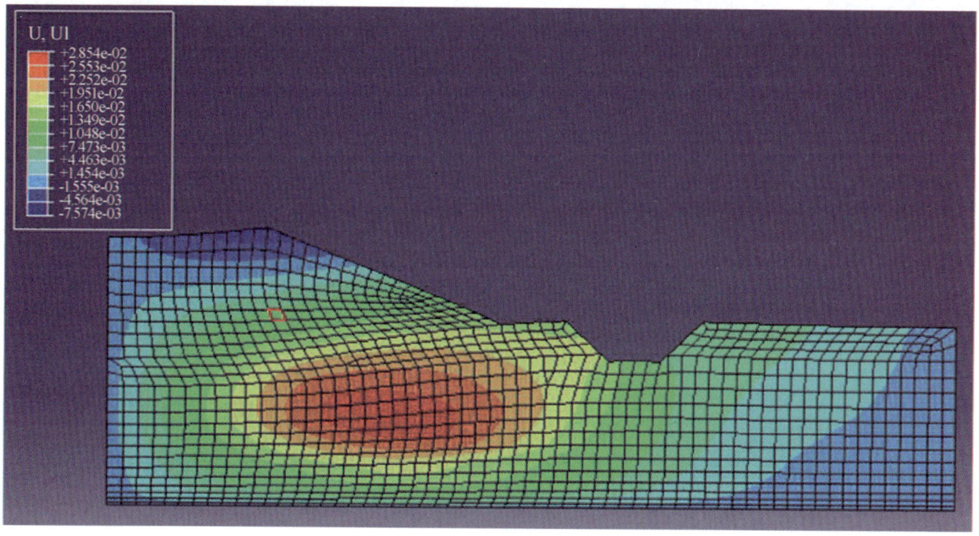

图 6-37　折减系数为 1.0 时的水平位移

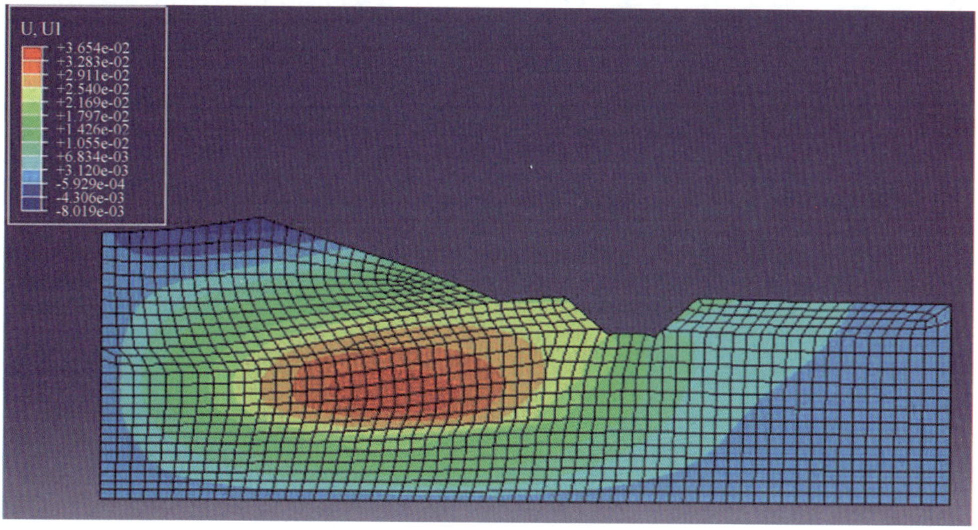

图 6-38　折减系数为 1.05 时的水平位移

通过对在不同折减系数下土体的位移图分析可知，随着折减系数的增加，坡脚土体逐渐拱起，水平位移逐渐增大，特别是在折减系数达到 1.13 时土体位移发生突变，突然产生滑动。

首先分别在土坡的坡顶、坡中、坡脚取的 A,G,C 节点如图 6-18 所示。同时观察强度折减系数与 3 个特征节点水平位移、竖直位移和总位移关系曲线，如图 6-41～图 6-43 所示。图 6-40 中当折减系数值为 1.13 时，A,G,C 三个节点的位移都达到了最大值，但其中坡脚 C 点和坡中 G 点的位移与前一步折减系数 1.1 时的水平位移、竖直位移和总位移相差不大。而坡顶 A 点的各种位移却明显地发生了突变，也说明了选择坡顶点作为特征节点的合理性。由此可以得到，当以特征节点位移突变为判据时计算出的安全系数为 $F_s=1.13$。

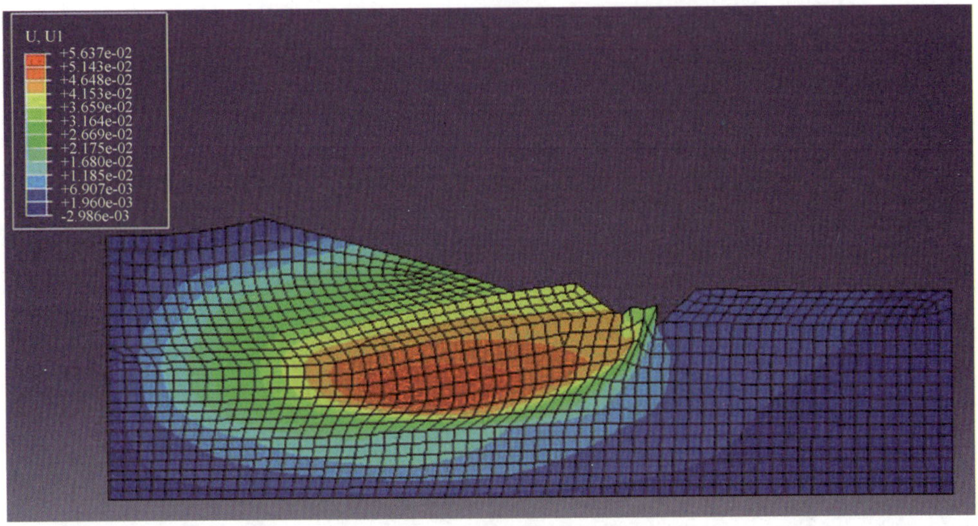

图 6-39　折减系数为 1.09 时的水平位移

图 6-40　折减系数为 1.13 时的水平位移

表 6-4 给出了各种判据下得到的安全系数，并与本文采用 ABAQUS 软件得到安全系数进行了对比。从表中可看出，三种判据所得到的安全系数与极限平衡法得到的解比较接近，

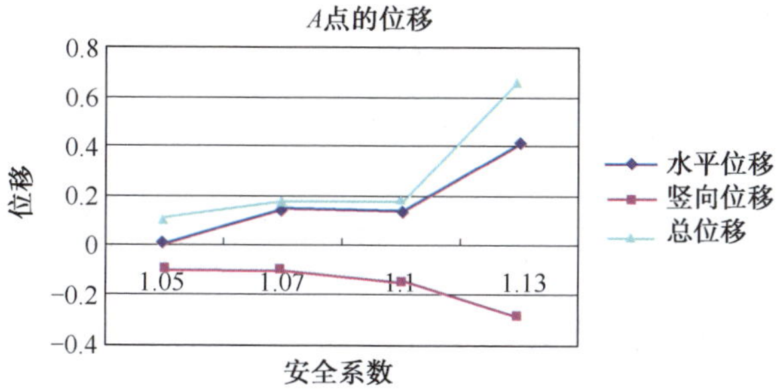

图 6-41　A 点位移和折减系数的关系

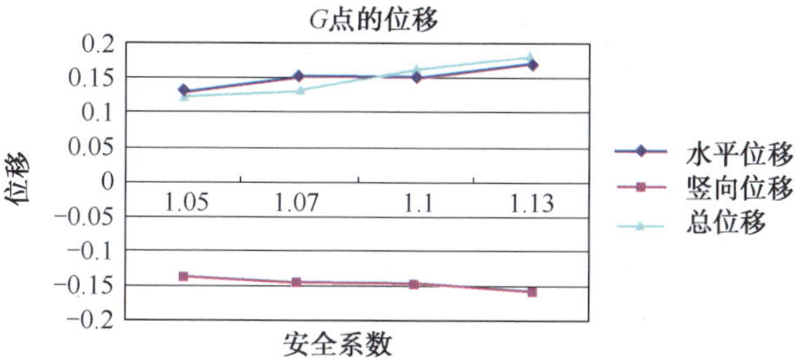

图 6-42　G 点位移和折减系数的关系

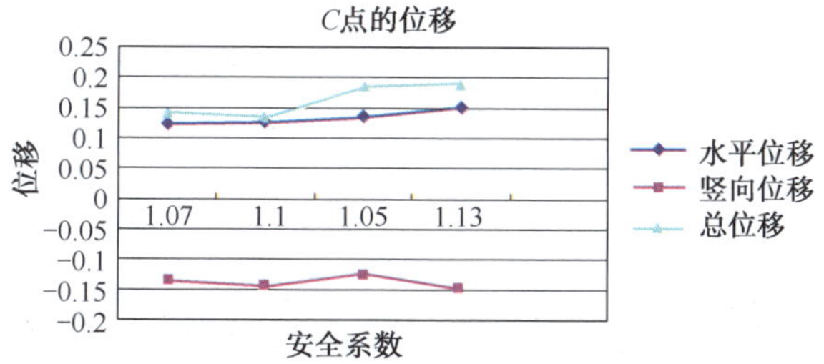

图 6-43　C 点位移和折减系数的关系

最大相对误差不超过 6%。说明有限元强度折减土坡稳定分析的三种判据都能够合理、有效地判断均质边坡的安全系数，并且有限元强度折减法不用假设临界滑动面，有限元软件会自动生成一个动态滑动面，显示土坡失稳的破坏过程，从而更加直观和方便，为准确判断土坡真实的受力状态提供可靠的依据。其较极限平衡法考虑了应力—应变关系，同时边坡稳定分析的有限元法又有以下优点：

各种方法安全系数对比　　表 6-4

方法	迭代不收敛	塑性贯通区	瑞典法	简化毕肖普法	位移突变法
安全系数	1.145	1.14	1.138	1.2118	1.13

(1)可以满足静力许可、应变相容和应力、应变之间的本构关系，同时不必引入假定条件，保持了理论体系的严密性。

(2)可以不受边坡几何形状的不规则和材料的不均匀性的限制，较真实地模拟边坡的地形地貌以及对多层均质土坡进行分析。

(3)破坏面的形状和位置不必像极限平衡法那样需要事先假定，破坏很“自然地”发生在边坡岩土体抗剪强度不能抵抗剪应力的位置。

(4)可以分析边坡破坏的发生和发展过程。

(5)分析结果可以提供应力、应变、位移等全部信息。

6.6 路基的安全系数法分析

通过按一定步长输入折减系数后,得出 A 点的竖向位移和 B 点的水平位移,所得的位移曲线如图 6-44 所示。

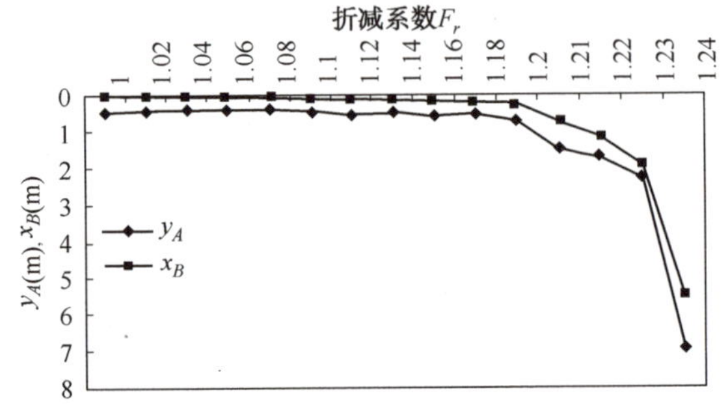

图 6-44 y_A、x_B与折减系数 F_r的关系

从图 6-44 可以看出,折减系数 $F_r=1.2$ 时发生突变,即从折减系数 $F_r=1.2$ 开始增大时,位移值逐渐增大,而且位移值急剧变大。经过比较,当折减系数 $F_r=1.2$ 时,边坡的塑性区正好贯通。即可以确定该边坡的安全系数值为 $F=1.2<1.3$,故可知该边坡是失稳定的。折减系数为人工时的塑性应变等值线图如图 6-45 所示。

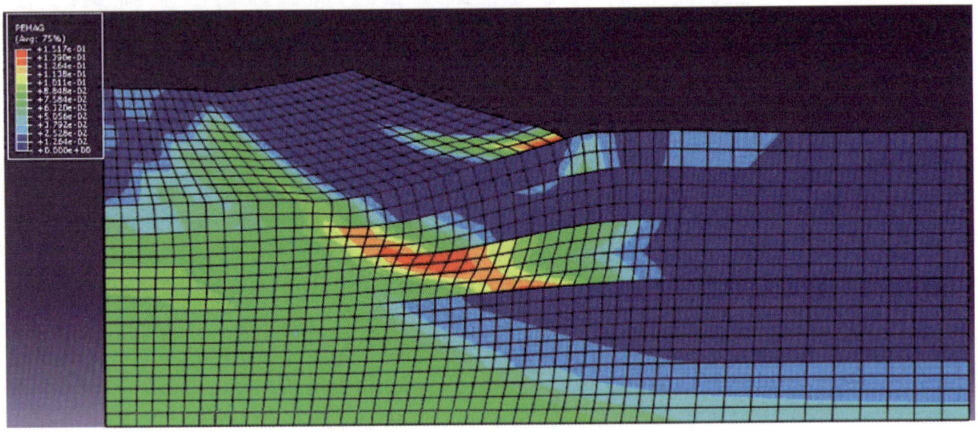

图 6-45 折减系数为 1.2 时的塑性应变等值线图

6.6.1 路基稳定的概率可靠度分析

采用 ABAQUS 软件进行数值模拟,可以得出边坡在剪应力作用下的云图,如图 6-46 所示因为边坡的破坏其实就是剪应力区扩张导致的塑性破坏,故评判边坡是否稳定只需验算剪应力区的土体是否被剪坏即可。通过对云图上大剪应力区的可靠度计算,便可以得出边

坡稳定的可靠度指标。

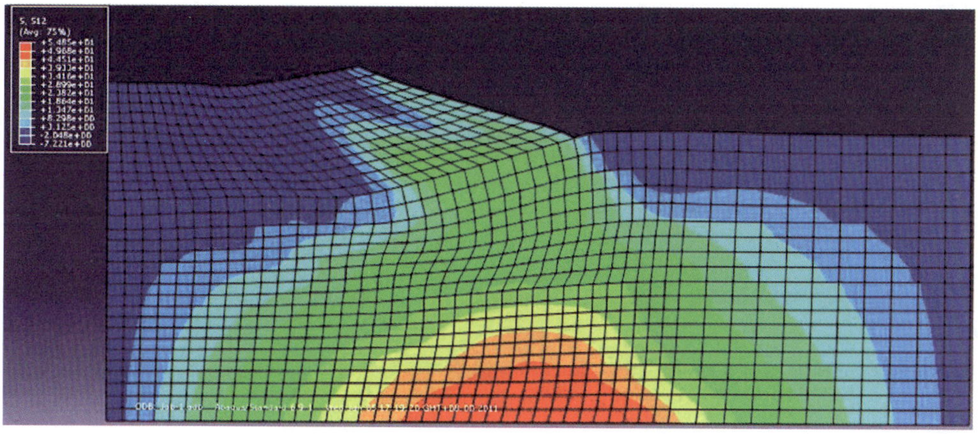

图 6-46 路基边坡在剪应力作用下的云图

由图 6-46 可知,取图中大剪应力区的正应力和剪应力值,汇总于表 6-5。

大剪应力区应力值

表 6-5

单元号	σ_i/τ_i	单元号	σ_i/τ_i	单元号	σ_i/τ_i	单元号	σ_i/τ_i	单元号	σ_i/τ_i	单元号	σ_i/τ_i
509	83/5.45	538	99.3/5.1	567	89.3/3.5	595	77.3/5.82	652	27.1/4.24	682	37.8/10.08
510	84/2.96	539	98.3/1.9	568	84.3/2.7	596	74.3/5.03	653	51.5/5.97	683	36.8/11.4
511	109.6/2.8	540	98.8/2	569	84.6/3.06	597	72/2.5	654	49.7/5.47	684	30.4/9.42
512	113.1/1.2	541	97.2/4.2	570	86.6/3.3	598	73/2.5	655	46.7/3.5	685	27.7/9.19
513	108.7/2.5	542	97.3/1.5	571	77.7/4.1	599	72.4/3.9	656	42.3/5.3	686	28.1/13.1
514	111/1.2	543	97.4/2	572	77.3/4.6	600	68.2/4.4	657	40.5/7.5	687	30.6/12.1

注:表中各力值的单位为 kPa。

假设边坡稳定的极限状态函数为

$$Z = \tau_f - \tau = c + \sigma\tan\varphi - \tau = \sum_{i=1}^{n}(c_i + \sigma_i\tan\varphi_i) - \sum_{i=1}^{n}\tau_i$$

而且有

$$\mu_Z = \mu_c + \mu_\sigma \cdot \tan\mu_\varphi - \mu_r$$

$$\sigma_Z^2 = \sigma_c^2 + [(\mu_\sigma\tan\mu_\varphi)^2 - \delta_\sigma^2\delta_{\tan\varphi}^2] + \sigma_\tau^2$$

大剪应力区土性参数的变异系数为:$\delta_c=0.3$,$\delta_\varphi=0.4$,由数据资料可知

$$\sigma_c = \mu_c \cdot \delta_c = 0.3 \times 10 = 3$$

$$\sigma_\varphi = \mu_\varphi \cdot \delta_\varphi = 0.4 \times 20 = 8$$

于是有 $\delta_{\tan\varphi} = \dfrac{\sigma_{\tan\varphi}}{\mu_{\tan\varphi}} = \dfrac{\sigma_\varphi \cdot \sec^2\mu_\varphi}{\mu_{\tan\varphi}} = \dfrac{0.14\times1.13}{0.36} = 0.43$

$$\delta_\sigma^2 = \frac{\sigma_\sigma}{\mu_\sigma} = \frac{623.7}{5283.05} = 0.12$$

经过计算,在大剪应力区内有

$$\mu_z = 31.8\text{kPa}$$
$$\sigma_z = 26.4\text{kPa}$$

故可得概率可靠性指标为

$$\beta = \frac{\mu_z}{\sigma_z} = \frac{31.8}{26.4} = 1.2$$

其失效概率为

$$P^f = \varphi(-\beta) = 1 - \varphi(\beta) = 0.115$$

经过分析可知,以上所得的失效概率偏大,故可知该边坡不稳定。

6.6.2 路基稳定的非概率可靠度分析

边坡的极限状态函数为

$$Z = \tau^f - \tau = c + \sigma\tan\varphi - \tau = \sum_{i=1}^{n}(c_i + \sigma_i\tan\varphi_i) - \sum_{i=1}^{n}\tau_i$$

经过计算,可得 Z 的均值 M_z^c 和离差 M_z^r,由此可得结构的非概率可靠性指标为

$$\eta = \frac{M_z^c}{M_z^r}$$

由极值理论进一步计算则可得

$$\sigma = [27.1, 113]\text{kPa}, \tau = [1.2, 13.2]\text{kPa}, c = [7, 13]\text{kPa}, \varphi = [12, 28]^\circ$$
$$\tan\varphi = [0.21, 0.53]$$

故

$$Z = [-0.8, 63.55]\text{kN}\cdot\text{m}, \text{于是 } M_z^c = 31.37\text{kN}\cdot\text{m}, M_z^r = 32.18\text{kN}\cdot\text{m}$$

则可得出非概率可靠性指标为

$$\eta = 0.97$$

故可知该边坡是不稳定的。

经过以上计算可知,无论采用安全系数法还是可靠度理论进行分析,该边坡都是被破坏的,与实际情况相符。这一点可以说明数值计算与可靠度理论在评价边坡的安全性问题上是一致的。

6.7 不同工况下的边坡稳定可靠度分析

本节利用 ABAQUS 软件模拟工程各个阶段施工的塑性应变,以每次施工 2m 土坡高进行加载,将本工程分为 4 个施工阶段进行模拟,应用强度折减与可靠度相耦合,建立与有限元耦合的二元指标体系,分别求出每个施工阶段的安全系数。

6.7.1 第一次加载 2m 高的边坡可靠度计算

第一次施工加载 2m 高的土坡,按强度折减法,采用迭代不收敛的判定准则,并用 Mohr-Coulomb 准则和非关联的流动法则,计算出中值安全系数为 $F_0 = 1.86$,其塑性应变图如图 6-47所示。

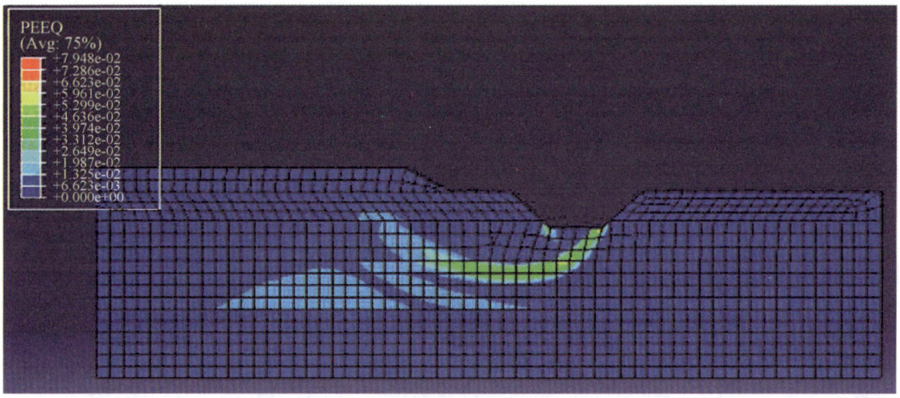

图 6-47　安全系数在 1.71 加载 2m 时土坡塑性应变图

对安全系数 $F_1=F(\mu_c+\sigma_c,\mu_\varphi+\sigma_\varphi)$ 进行折减，计算出安全系数为 $F_1=2.4$，迭代不收敛，最终的塑性应变图如图 6-48 所示，水平位移图如图 6-49 所示。

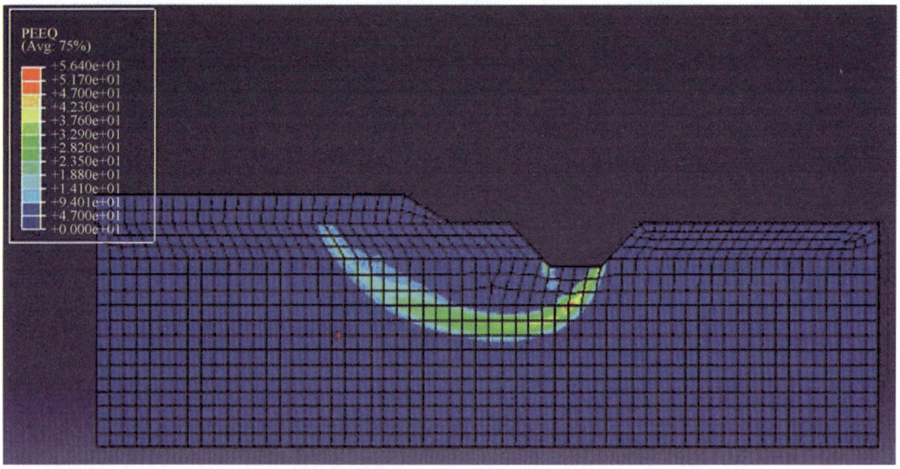

图 6-48　安全系数在 2.4 时加载 2m 时土坡时塑性应变图

图 6-49　安全系数在 2.4 加载 2m 时土坡水平位移图

对安全系数 $F_2=F(\mu_c+\sigma_c,\mu_\varphi+\sigma_\varphi)$ 进行折减，计算出安全系数为 $F_2=1.75$，最终的塑性应变图和水平位移图如图 6-50 和图 6-51 所示。

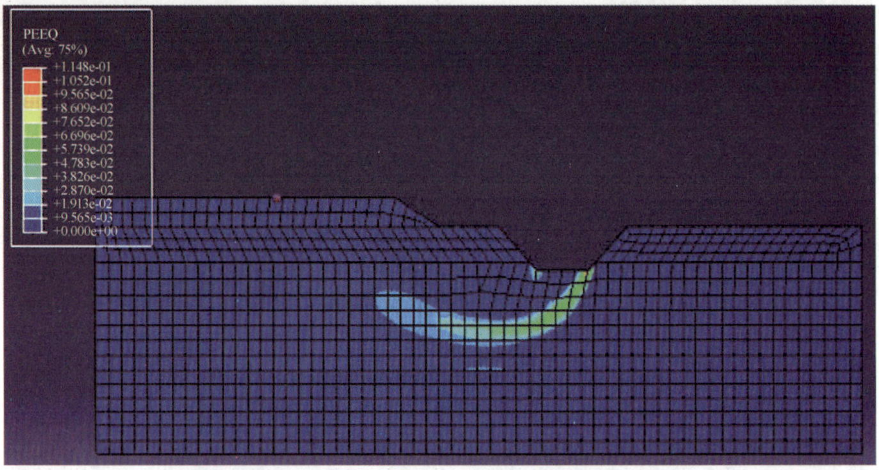

图 6-50　安全系数在 1.75 加载 2m 时土坡时塑性应变图

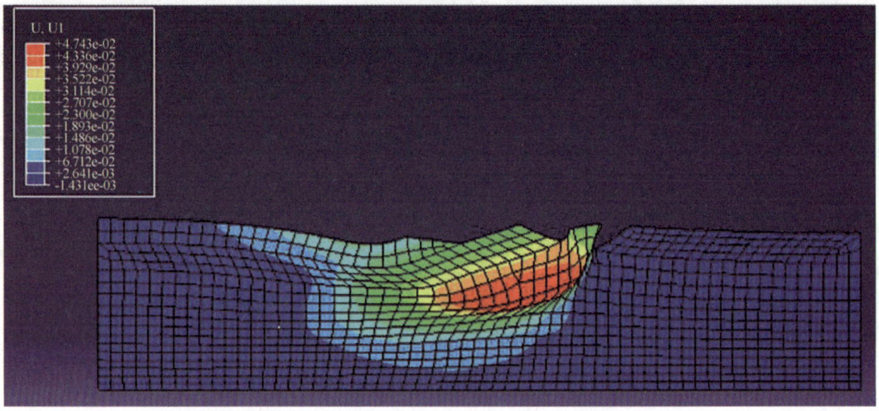

图 6-51　安全系数在 1.75 加载 2m 时土坡水平位移图

对安全系数 $F_3=F(\mu_c+\sigma_c,\mu_\varphi+\sigma_\varphi)$ 进行折减，计算出安全系数为 $F_3=1.8$，迭代不收敛，最终的塑性应变图如图 6-52 和图 6-53 所示。

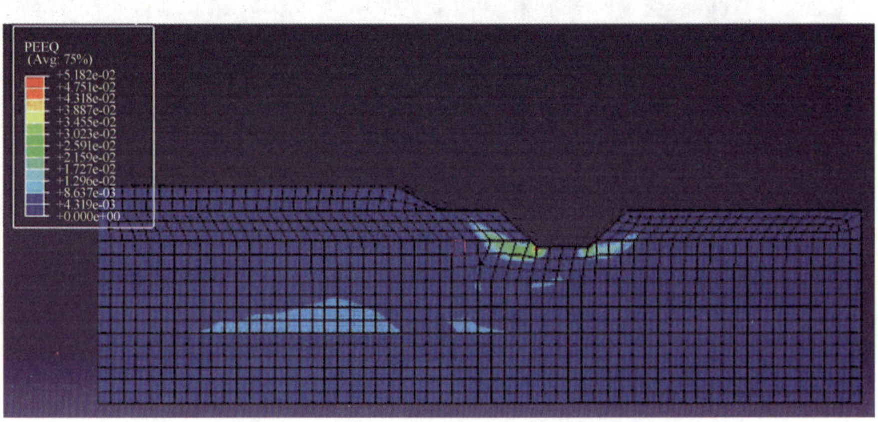

图 6-52　安全系数在 1.8 加载 2m 时土坡塑性应变图

图 6-53　安全系数在 1.8 加载 2m 时土坡水平位移图

对安全系数 $F_4=F(\mu_c+\sigma_c,\mu_\varphi+\sigma_\varphi)$ 进行折减，计算出安全系数为 $F_4=1.015$，迭代不收敛，最终的塑性应变图如图 6-54 和图 6-55 所示。

图 6-54　安全系数在 1.015 加载 2m 时土坡塑性应变图

图 6-55　安全系数在 1.015 时加载 2m 时土坡水平位移图

$$F_1 = 2.4, F_2 = 1.75, F_3 = 1.8, F_4 = 1.015$$

设随机变量 c,φ 相互独立，即 $\rho_{c,\varphi}=0,\rho_j=\dfrac{1}{4}$

$$\mu_F = \sum_{j=1}^{4}\rho_j F_j = \frac{6.925}{4} = 1.741, \sigma_F^2 = \sum_{j=1}^{4}\rho_j F_j^2 - \mu_F^2 = 1.23, \beta = -0.6$$

$$P^f = \varphi(\beta) = 28\%, F = 1.86 \times 0.72 = 1.33$$

6.7.2　第二次加载 4m 高的可靠度计算

第二次施工加载到 4m 高的土坡，按强度折减法计算出中值安全系数为 $F_0 = 1.74$，其塑性应变图如图 6-56 所示。

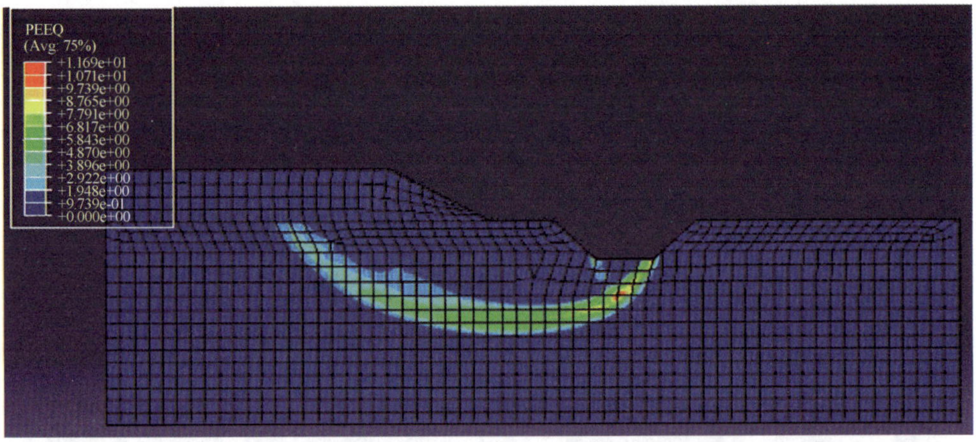

图 6-56　安全系数在 1.53 加载 4m 时土坡塑性应变图

对安全系数 $F_1 = F(\mu_c+\sigma_c,\mu_\varphi+\sigma_\varphi)$ 进行折减，计算出安全系数为 $F_1 = 2.1$，迭代不收敛，其塑性应变图如图 6-57 和图 6-58 所示。

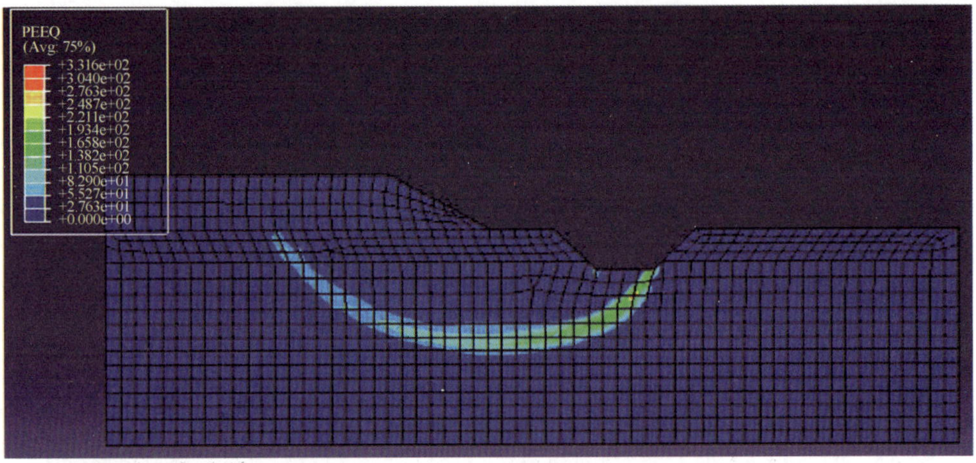

图 6-57　安全系数在 2.1 加载 4m 时塑性应变图

图 6-58　安全系数在 2.1 加载 2m 时土坡水平位移图

对安全系数 $F_2=F(\mu_c+\sigma_c,\mu_\varphi+\sigma_\varphi)$ 进行折减，计算出安全系数为 $F_2=1.6$，最终的塑性应变图如图 6-59 和图 6-60 所示。

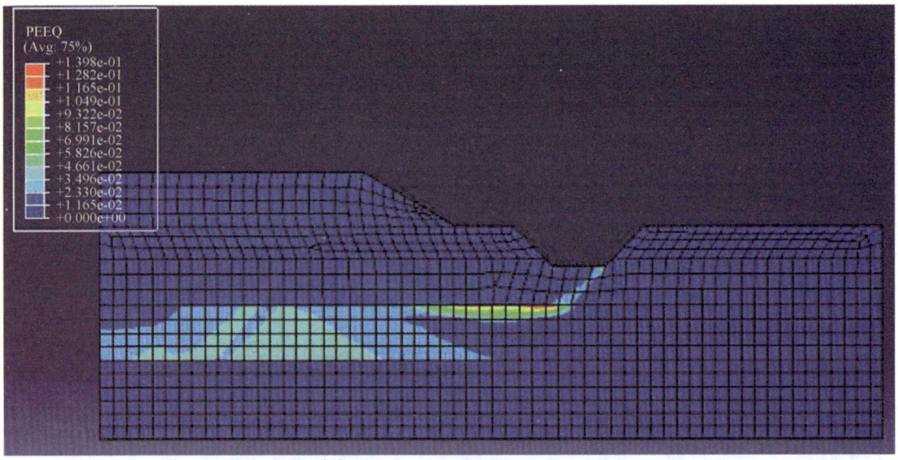

图 6-59　安全系数在 1.6 加载 4m 时塑性应变图

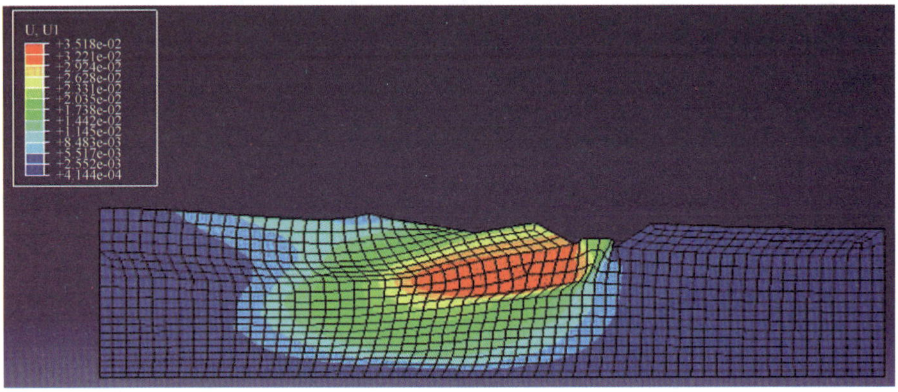

图 6-60　安全系数在 1.6 加载 4m 时土坡水平位移图

对安全系数 $F_3 = F(\mu_c + \sigma_c, \mu_\varphi + \sigma_\varphi)$ 进行折减，计算出安全系数为 $F_3 = 1.501$，迭代不收敛，最终的塑性应变图如图 6-61 和图 6-62 所示。

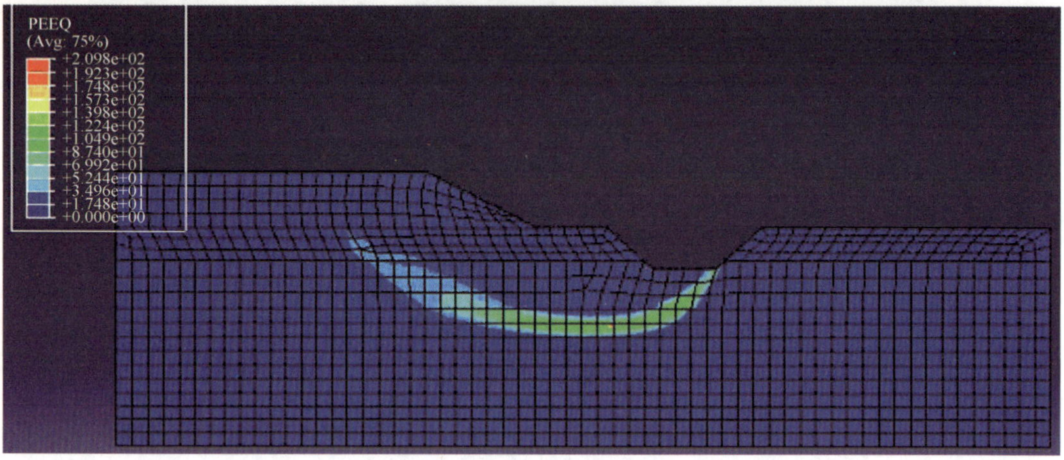

图 6-61　安全系数在 1.501 加载 4m 时塑性应变图

图 6-62　系数在 1.501 加载 4m 时土坡水平位移图

$$F_1 = 2.1, F_2 = 1.6, F_3 = 1.501, F_4 = 0$$

$$\mu_F = \frac{5.2}{4} = 1.3, \sigma_F^2 = 0.89, \beta = -0.31, P^f = \varphi(\beta) = 38\%, F = 1.74 \times 0.62 = 1.08$$

6.7.3　第三次加载 6m 高的可靠度计算

第三次施工加载到 6m 高的土坡，按强度折减法计算出中值安全系数为 $F_0 = 1.68$，其塑性应变图如图 6-63 所示。

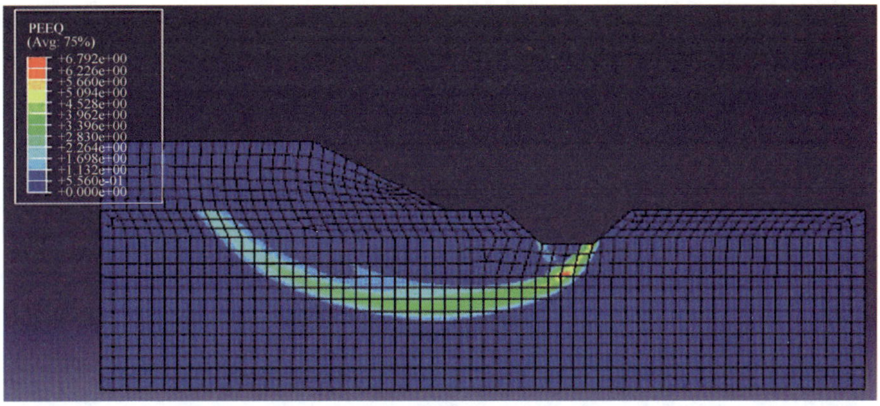

图 6-63　折减后加载 6m 时土坡塑性应变图

对安全系数 $F_1=F(\mu_c+\sigma_c,\mu_\varphi+\sigma_\varphi)$ 进行折减，计算出安全系数为 $F_1=1.85$，迭代不收敛，其塑性应变图如图 6-64 和图 6-65 所示。

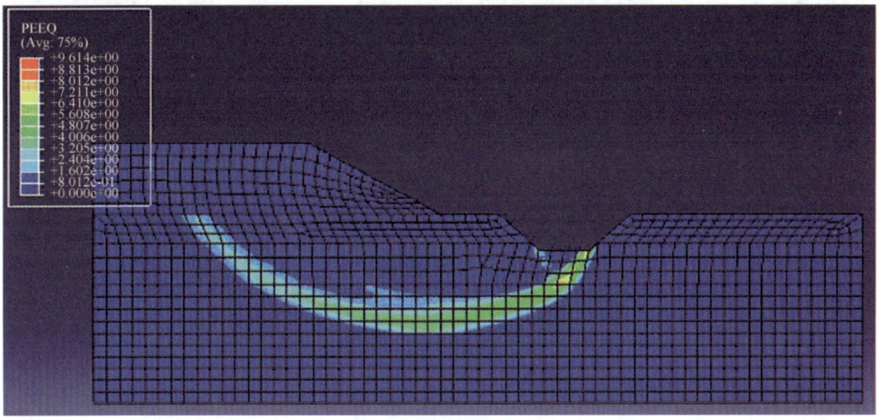

图 6-64　安全系数在 1.85 加载 6m 时塑性应变图

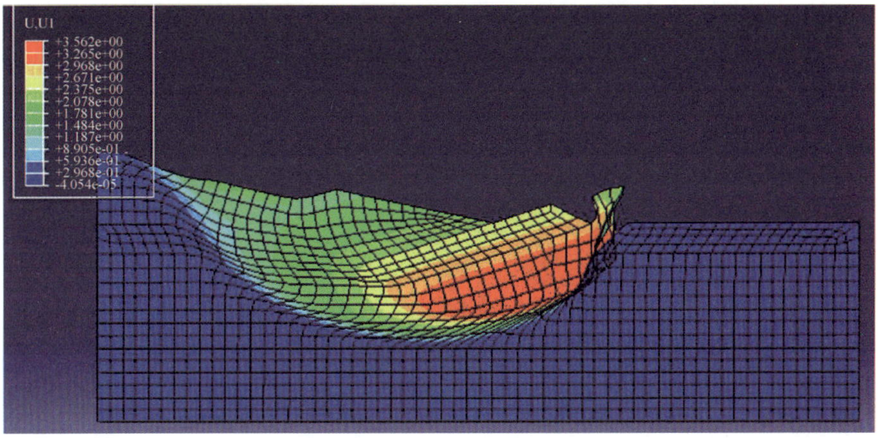

图 6-65　安全系数在 1.85 加载 6m 时土坡水平位移图

对安全系数 $F_2=F(\mu_c+\sigma_c,\mu_\varphi+\sigma_\varphi)$ 进行折减,计算出安全系数为 $F_2=1.52$,最终的塑性应变图如图 6-66 和图 6-67 所示。

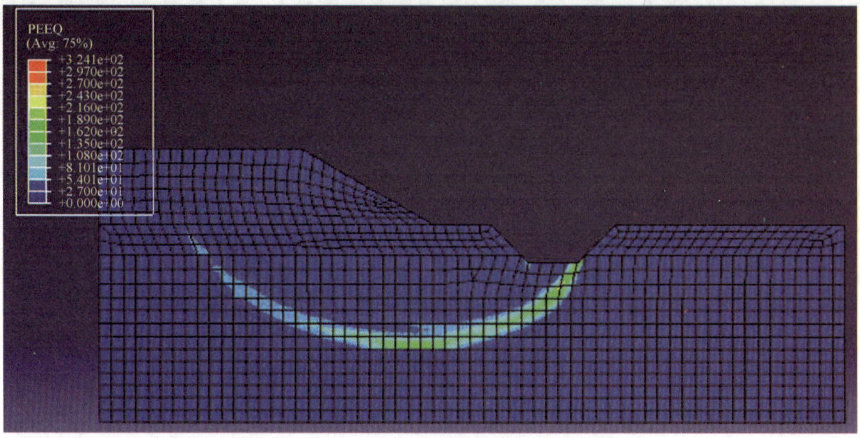

图 6-66　安全系数在 1.52 加载 6m 时塑性应变图

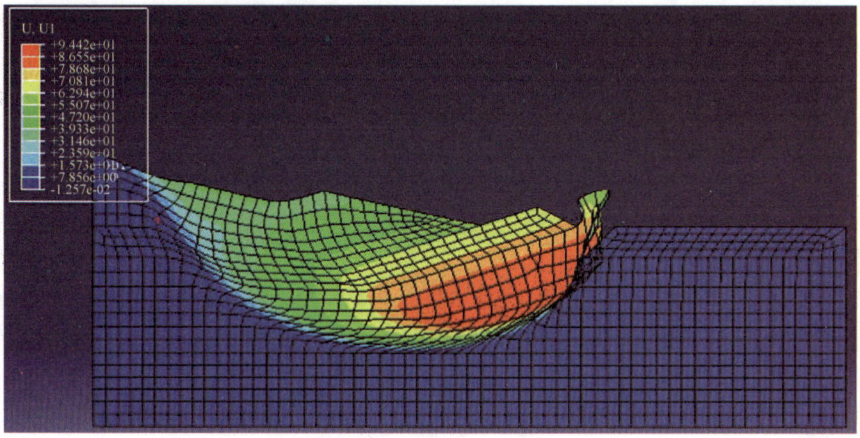

图 6-67　安全系数在 1.52 加载 6m 时土坡水平位移图

对安全系数 $F_3=F(\mu_c+\sigma_c,\mu_\varphi+\sigma_\varphi)$ 进行折减,计算出安全系数为 $F_3=1.45$,最终的塑性应变图如图 6-68 和图 6-69 所示。

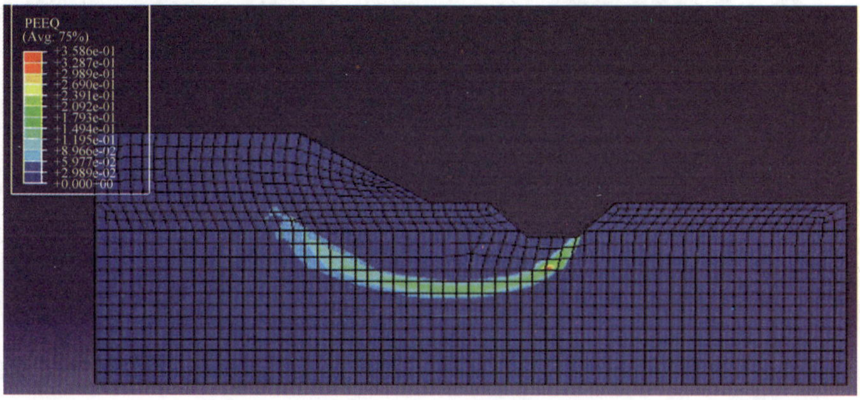

图 6-68　安全系数在 1.45 加载 6m 时塑性应变图

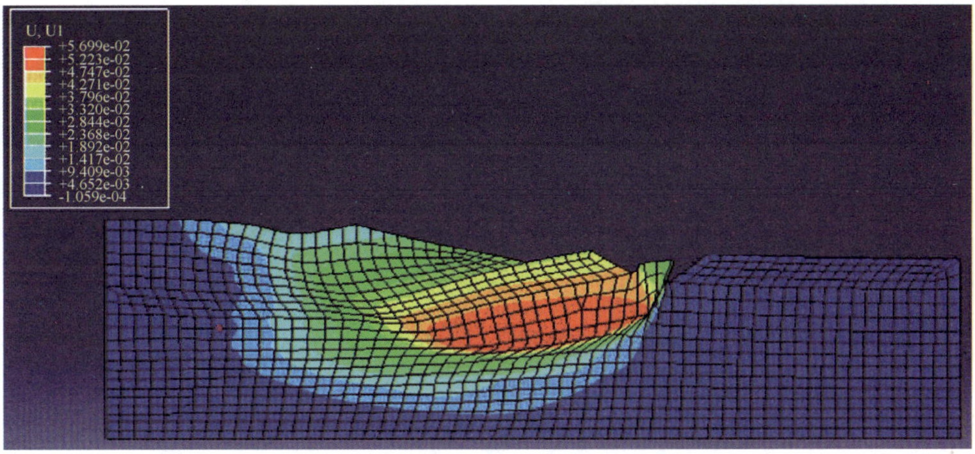

图 6-69　安全系数在 1.45 加载 6m 时土坡水平位移图

将 F_4 的 c、φ 代入 ABAQUS 时直接迭代不收敛，不能进行强度折减，所以将安全系数取为 0。

$$F_1 = 1.85, F_2 = 1.52, F_3 = 1.45, F_4 = 0$$

$$\mu_F = \frac{4.82}{4} = 1.3, \sigma_F^2 = 0.75, \beta = -0.26, P_f = \varphi(\beta) = 40\%, F = 1.68 \times 0.60 = 1.008$$

6.7.4　第四次加载 8.9m 高的可靠度计算

第四次施工加载到 8.9m 高的土坡，按强度折减法计算出中值安全系数 $F_0 = 1.14$。

对安全系数 $F_1 = F(\mu_c + \sigma_c, \mu_\varphi + \sigma_\varphi)$ 进行折减，计算出安全系数为 $F_1 = 1.65$，迭代不收敛，其塑性应变图如图 6-70 和图 6-71 所示。

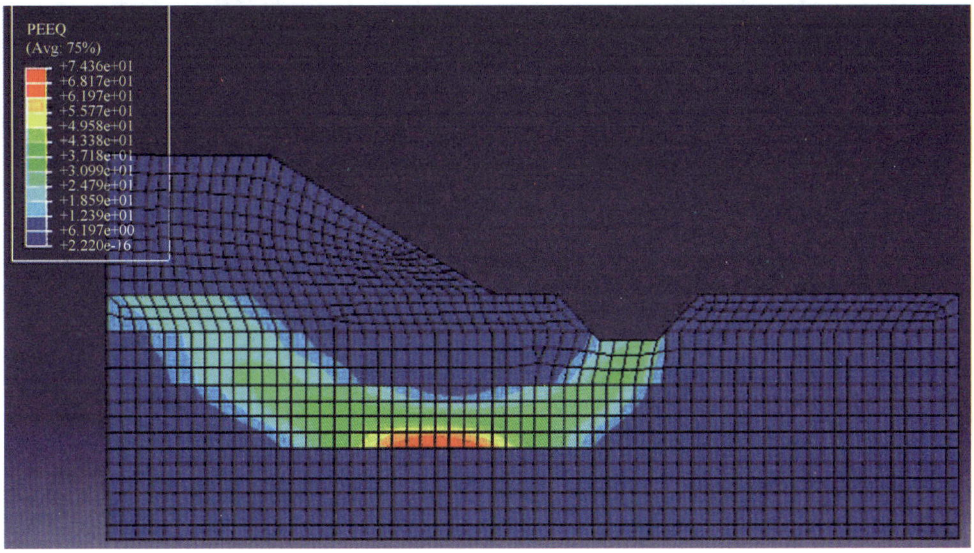

图 6-70　安全系数在 1.65 加载 8.9m 时塑性应变图

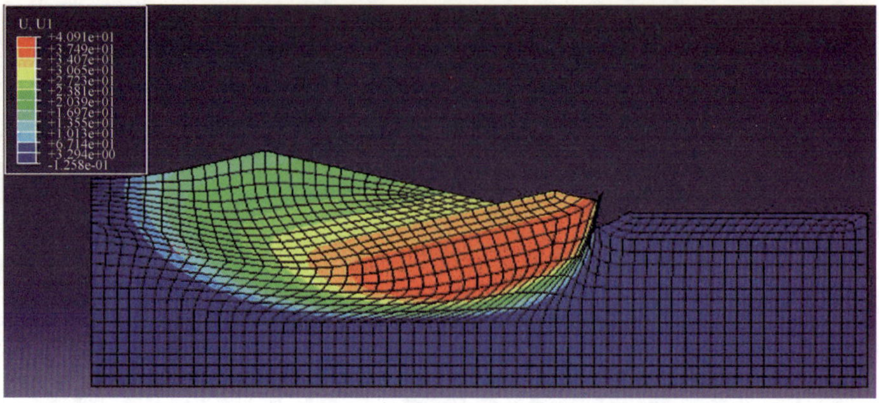

图 6-71　安全系数在 1.65 加载 8.9m 时土坡水平位移图

对安全系数 $F_2=F(\mu_c+\sigma_c,\mu_\varphi+\sigma_\varphi)$ 进行折减，计算出安全系数为 $F_2=1.036$，最终的塑性应变图如图 6-72 和图 6-73 所示。

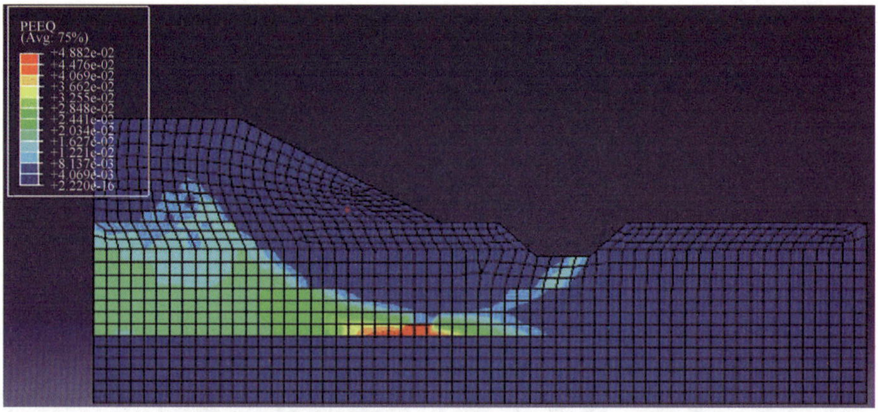

图 6-72　安全系数在 1.036 加载 8.9m 时塑性应变图

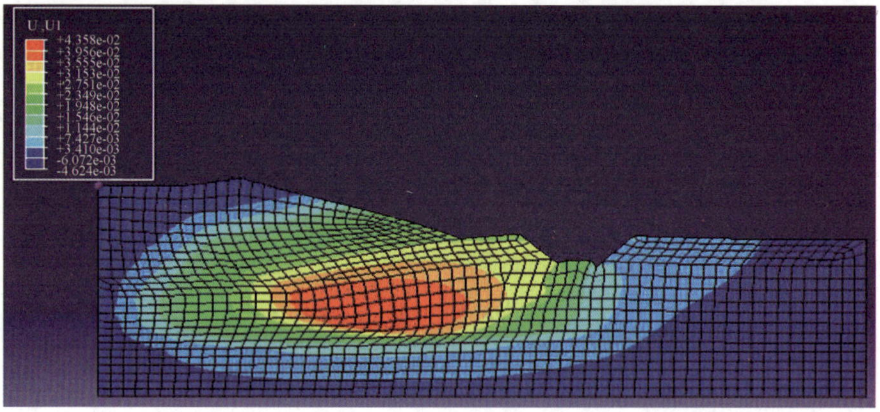

图 6-73　安全系数在 1.036 加载 8.9m 时土坡水平位移图

对安全系数 $F_3=F(\mu_c+\sigma_c,\mu_\varphi+\sigma_\varphi)$ 进行折减，计算出安全系数为 $F_3=1.113$，最终的塑性应变图如图 6-74 和图 6-75 所示。

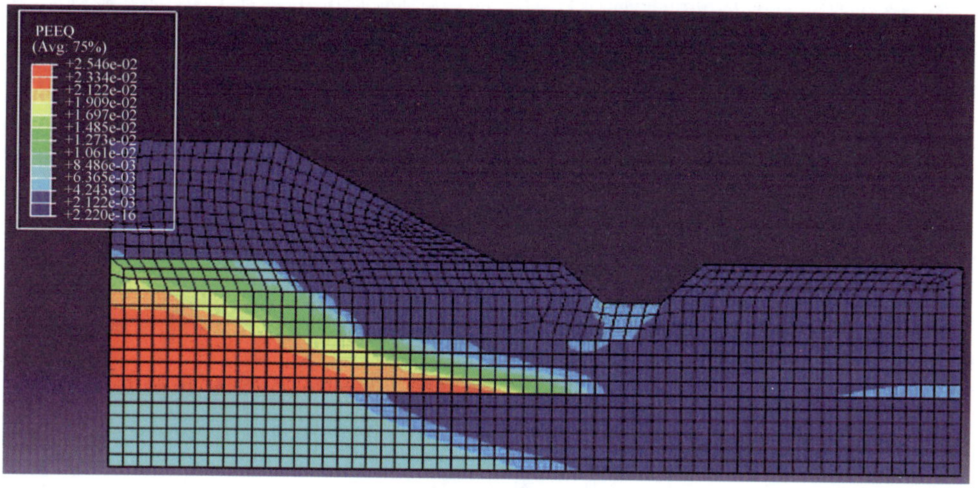

图 6-74　安全系数在 1.113 时加载 8.9m 时塑性应变图

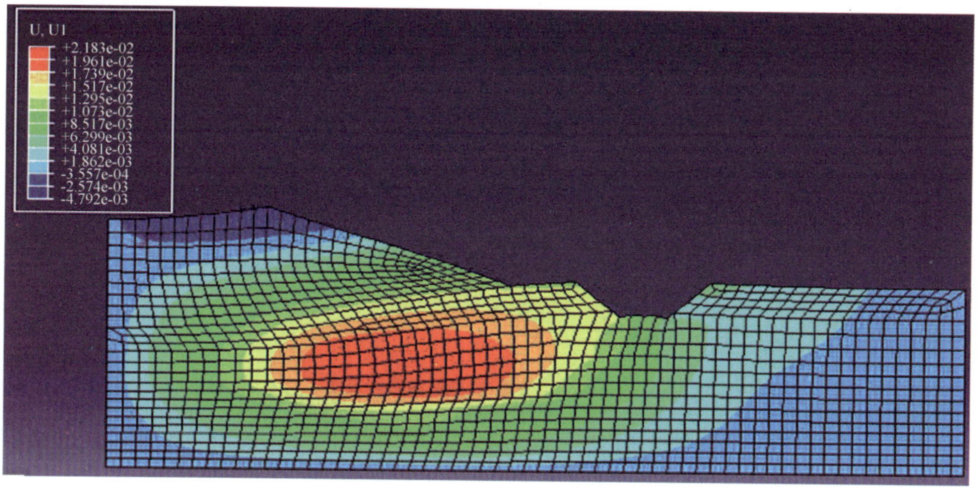

图 6-75　全系数在 1.113 时加载 8.9m 时土坡水平位移图

将 F_4 的 c、φ 代入 ABAQUS 时直接迭代不收敛，不能进行强度折减，所以取安全系数取为 0。

$$F_1=1.65,F_2=1.036,F_3=1.113,F_4=0$$

$$\mu_F=\sum_{j=1}^{4}\rho_j F_j=\frac{3.799}{4}=0.95,\sigma_F^2=\frac{\sqrt{D(F)}}{E(F)}=\frac{0.6}{0.95}=0.631$$

$$\beta=\frac{1-E(F)}{\sqrt{D(F)}}=\frac{1-E(F)}{\delta_F E(F)}=0.083,P_f=\varphi(\beta)=53\%$$

应用强度折减法计算结果 $F_0=1.14$，通过与可靠度理论相耦合最终得到安全系数为 $F=$

$F_0(1-p_f)=1.14\times0.47=0.53$,说明该边坡处于失稳状态,需要进行工程治理。

计算结果对比如图 6-6 所示,我们可以看出安全系数随土坡加载高度的增大而逐渐减小,同时失效概率随土坡高度的增加而逐渐增加,有限元强度折减法和极限平衡法计算出的安全系数都大于 1,但是工程实际中却在边坡高度加载到 8.9m 时出现滑坡,产生这种"反常"现象的主要原因是由于计算参数是离散的,具有变异性和相关性,实际的安全系数不一定恰好是分子和分母的均值之比,因此产生这种"反常"现象是很正常的,可靠性理论可有效地考虑边坡系统内实际存在的不确定性和相关性。本文用有限元强度折减法与可靠度理论进行耦合,不但考虑了土的变异性,还考虑了土的本构关系和应力场的变化,最终得到安全系数为 0.53,与工程实际边坡破坏相一致,也很好地解释了边坡破坏的原因,证明了该方法的可行性。

同时通过对二元指标体系和改良的二元指标体系计算出的安全系数进行比较,发现如果考虑土的塑性应变,每个施工阶段土的安全系数减小约 10%,说明改良后的二元指标体系所计算出的安全系数较小,同时失效概率随着边坡高度的增加而逐渐增大。

计算结果对比　　表 6-6

施工加载的土坡高度(m)	有限元法计算的安全系数	二元指标体系	改良的二元指标体系	失效概率 P_f
2	1.86	1.43	1.33	28%
4	1.74	1.21	1.08	38%
6	1.68	1.086	1.008	40%
8.9	1.14	0.66	0.53	53%

6.7.5　加载过程土坡的应力-应变分析

下面以 *CD* 剖面为研究对象讨论随着施工加载边坡的增加 *CD* 剖面的塑性应变、水平位移、Mises 应力的变化,如图 6-76~图 6-78 所示。

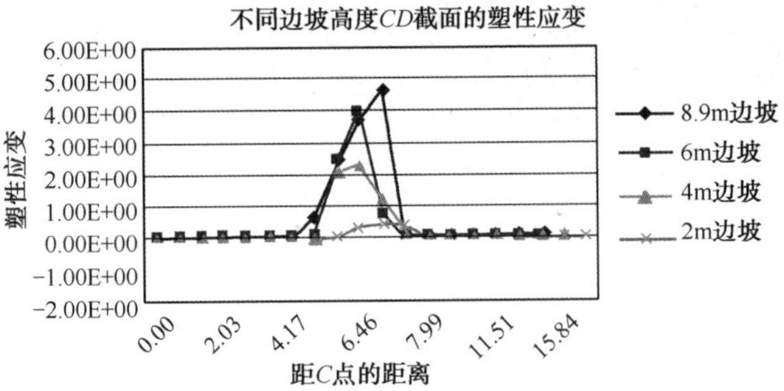

图 6-76　*CD* 剖面的塑性应变

我们可以看到,随着边坡增高和安全系数的减小,Mises 应力、*CD* 截面的塑性应变逐渐加大,且发生突变的位置基本相同,水平位移逐渐随荷载的增加增大不多。同时我们观察土的塑性应变图,发现塑性贯通区和圆弧半径随荷载的增加逐渐增大,逐渐向路堤中心部分发展。

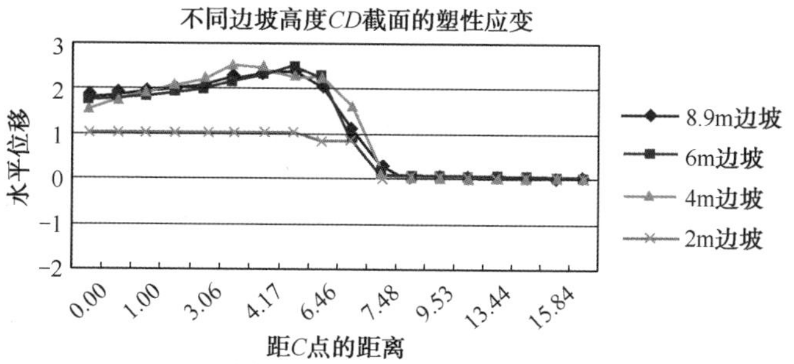

图 6-77 *CD* 坡面的水平位移

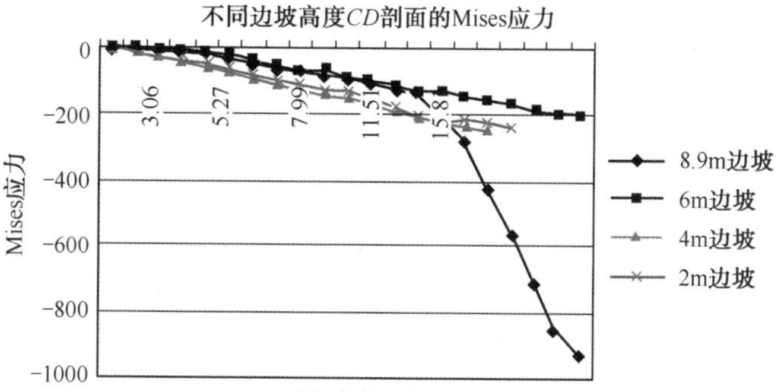

图 6-78 *CD* 剖面的 Mises 应力

6.8 影响因素分析

6.8.1 屈服准则对安全系数的影响

上一节分别介绍了强度折减法的三种判据，采用的模型为 Mohr-Coulomb 破坏准则与非关联流动法则($\psi=0$)的理想弹塑性本构模型。Mohr-Coulomb 和 Drucker-Prager 在下平面上的屈服面如图 6-79 所示。本节将研究各种参数，不同的屈服准则对多层边坡土体的影响，首先将各层土的 c,φ 值进行转化，得到在 Drucker-Prager 模型下的参数，在 Drucker-Prager 模型下分别采用关联和非关联流动法，即考虑剪胀角对土体安全系数的影响(取 $\psi=0$ 和 $\psi=\varphi$)，下面分别用 ABAQUS 软件进行强度折减计算，按迭代不收敛原则计算安全系数，计算结果如表 6-7 所示。

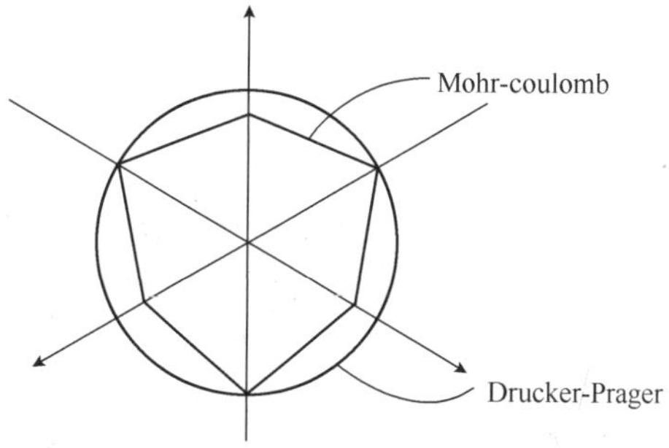

图 6-79 Mohr-Coulomb 和 Drucker-Prage 在 π 平面上的屈服面

不同屈服准则下的安全系数　　表 6-7

	Mohr-Coulomb 准则	Drucker-Prager 准则
非关联 $\psi=0$	1.145	1.22
关联 $\psi=\varphi$	1.151	1.236
相对误差	0.0096	0.0131

同时，剪胀角影响土体屈服时的体积变化，当 $\psi=0$ 剪切过程中体积不变，塑性应变增量只与偏应力分量有关；$\psi>0$ 则塑性应变增量不仅与偏应力分量有关，还与体应力分量有关。同时由表 6-7 我们可以看到不论采用关联流动法则还是非关联流动法则，计算结果相差不大，这是因为剪胀角只与坡体的体积变形有关，而在土坡稳定分析中体积变形对坡体稳定影响并不明显。

6.8.2 弹性模量和泊松比对土坡稳定安全系数的影响

对于岩土类材料，如果满足 Mohr−Coulom 屈服准则，那么它的摩擦角 σ 和泊松比 μ 之间存在如下关系：

$$\sin\varphi \geqslant 1-2\mu \tag{6-6}$$

所以

$$\sin\varphi=\beta(1-2\mu),\beta \geqslant 1 \text{ 的常数} \tag{6-7}$$

由于边坡土体只存在重力场，则有

$$\sigma_1=\sigma_2=-K\gamma h,\sigma_3=-\gamma h \tag{6-8}$$

其中，K 为侧压力系数，即

$$K=\frac{\mu}{1-\nu} \tag{6-9}$$

$$(1+\sin\varphi)\sigma_1-(1-\sin\varphi)\sigma_3 \leqslant 2c\cos\varphi \tag{6-10}$$

同时，由于强度的折减导致 c_i 和 φ_i 的降低，从而将使 μ_i 增大，E_i 减小，因为定义了 μ_i 的变化规律，按照下式定义

$$E_i\mu_i=c,c \text{ 为常数} \tag{6-11}$$

求解步骤：首先由式(6-6)求出 β 值，再通过折减系数求出 c_i 和 φ_i，在由式(6-7)、式(6-11)求出 E_i、μ_i。

最后以塑性区贯通为判据，将 c_i 和 φ_i、E_i、μ_i 一起带入模型图进行计算，最终计算结果如图 6-80 和图 6-81 所示。

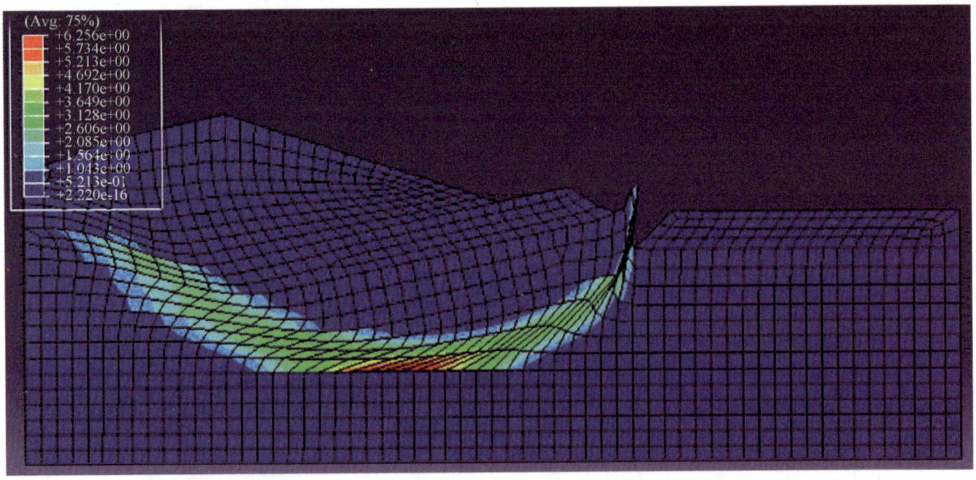

图 6-80 没有对 E、μ 进行调整的塑性应变图

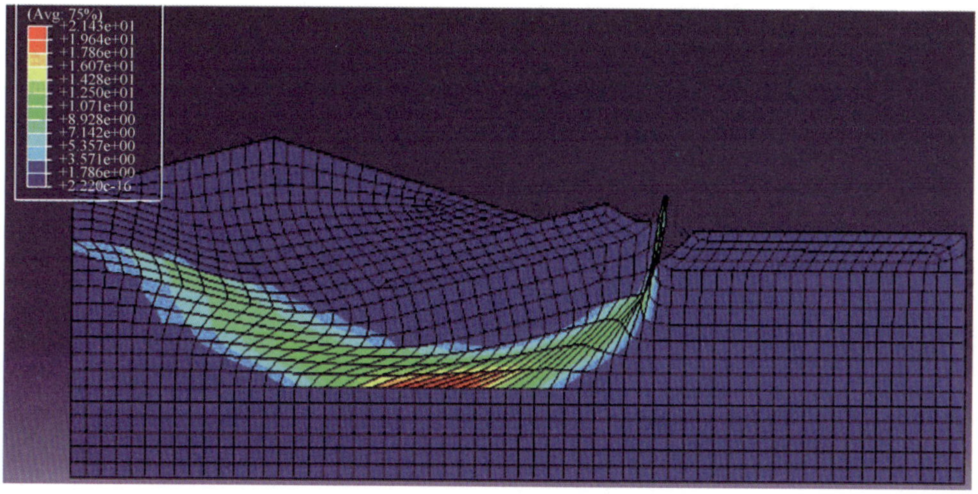

图 6-81　对 E、μ 进行调整的塑性应变图

无论对 E 或 μ 是否进行调整，折减系数都在 1.41 时达到塑性区的贯通，但不对 E、μ 进行调整的塑性区明显偏大，所以可知在对 c 和 φ 折减时，同时对 E、μ 作相应的调整，对安全系数的影响并不显著，但是对塑性区的宽度有影响，这是因为未进行调整的泊松比值小，导致水平侧向应力较小，而土坡底部土体在自身重力作用下受压而发生剪切破坏，使得塑性区变大，位移值也随之增大。

6.8.3　网格的疏密对计算结果的影响

将本土坡分别划分为 556、1307、2505 个节点，其中 1307 个单元模型如图 6-18 所示，其余的网格划分如图 6-82 和图 6-83 所示。

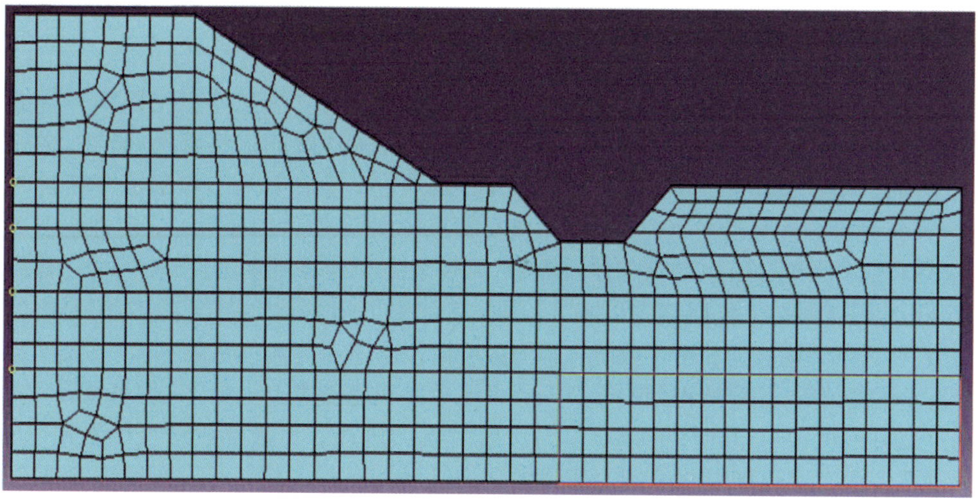

图 6-82　划分方式 556 节点

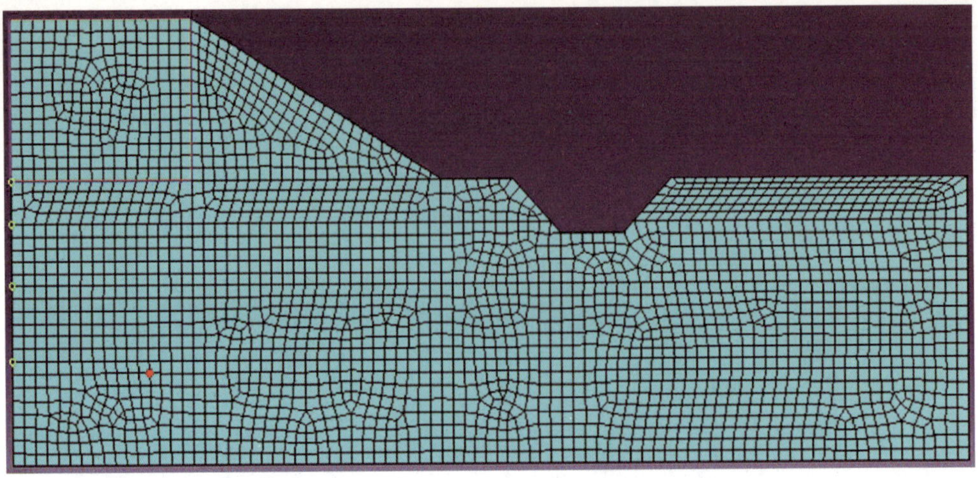

图 6-83　划分方式 2505 个节点

采用 Mohr-Coulomb 屈服准则以迭代不收敛为计算安全系数的判据，计算结果如表 6-8 所示。

网格疏密对安全系数的影响　　表 6-8

节点数（个）	556	1 307	2 505
Mohr-Coulomb 准则	1.153	1.145	1.138

从表 6-8 我们可以看出，如果网格划分的疏，则计算出的安全系数就偏大；如果网格划分的密，则安全系数值就偏小，从而可知网格划分的疏密对安全系数有一定的影响。

6.9　路基边坡稳定安全系数、概率可靠度、非概率可靠度对比分析

6.9.1　安全系数法与概率可靠度理论的对比分析

安全系数法是一种非常成熟的分析边坡稳定性问题的方法，自 19 世纪以来一直被人们所推崇。然而这种方法在使用时往往要进行一些假设，使问题的求解出现偏差。这种偏差有大有小，有的时候甚至会出现误判的可能。所以，人们一直在分析边坡稳定性问题的道路上摸索着，直到可靠性理论在 20 世纪 40 年代发展起来，专家学者们就将可靠度理论引入了土木工程，后来也引入到分析边坡稳定性问题中，再后来由于计算机理论的不断发展，有限元法的数值分析也越来越被人们所接受和推崇。本文就使用了有限元的数值分析方法对边坡进行数值模拟，然后得到边坡的安全系数值。因为数值模拟不需要像刚体极限平衡法那样假设，因而更接近于真实情况，这样所得到的安全系数也能更准确地描述边坡安全的储备情况。

通过软件的模拟可以比较清晰地得出边坡的破坏机理。由破坏机理可以看出，边坡破裂面的圆弧并没有刚体极限平衡理论假设的那么长，因而可知，刚体极限平衡理论所得的安全系数值偏于保守。

在本文的分析研究中，把有限元数值模拟所得的安全系数值作为分析边坡稳定性的背景值。

通过对比安全系数法和概率可靠度法可以看出,可靠度理论和安全系数法在分析边坡稳定性时是一致的。

当搅拌桩处理路基时,通过数值计算的安全系数值是 2.1,此时的概率可靠度指标是 2.56,失效概率是 0.005,二者的判定结果不同,安全系数法表明边坡是稳定的,而可靠度理论却认为是不稳定的。

当碎石桩处理路基时,通过数值计算的安全系数值是 3,此时的概率可靠度指标是 2.7,失效概率是 0.003,二者的判定结果不同,安全系数法表明边坡是稳定的,而可靠度理论却认为是不稳定的。

当旋喷桩处理路基时,通过数值计算的安全系数值是 2.2,此时的概率可靠度指标是 4.94,失效概率是 3.9×10^{-7},二者的判定结果都表明此边坡是稳定的。

当冲击碾压处理路基时,通过数值计算的安全系数值是 2.25,此时的概率可靠度指标是 1.75,失效概率是 0.04,二者的判定结果不同,安全系数法表明边坡是稳定的,而可靠度理论却认为是不稳定的。

当抛石挤淤处理路基时,通过数值计算的安全系数值是 3,此时的概率可靠度指标是 4.52,失效概率是 3.1×10^{-6},二者的判定结果都表明此边坡是稳定的。

当塑料排水板处理路基时,通过数值计算的安全系数值是 2,此时的概率可靠度指标是 1.43,失效概率是 0.08,二者的判定结果不同,安全系数法表明边坡是稳定的,而可靠度理论却认为是不稳定的。

以上分析表明,在计算边坡的稳定性问题时,概率可靠度理论存在一定的偏差。

6.9.2　安全系数法与非概率可靠度理论的对比分析

安全系数法的理论已经足够成熟,而且在本文分析计算时采用了数值模拟的方法。因此,本文将安全系数值评价出的边坡稳定性情况作为评价其他理论合理性的依据。

当搅拌桩处理路基时,非概率可靠度指标值为 2.4,可以判定边坡是稳定的;当碎石桩处理路基时,非概率可靠度指标值为 3.78,可以判定边坡是稳定的;当旋喷桩处理路基时,非概率可靠度指标值为 1.23,可以判定边坡是稳定的;当冲击碾压处理路基时,非概率可靠度指标值为 1.95,可以判定边坡是稳定的。当抛石挤淤处理路基时,非概率可靠度指标值为 2.29,可以判定边坡是稳定的。当塑料排水板处理路基时,边坡稳定的非概率可靠度指标值为 1.24,可以判定边坡是稳定的。

经过以上分析可以看出,非概率可靠性理论与安全系数法在评价边坡稳定性问题时也是一致的。所以,非概率可靠性理论在评价边坡稳定性问题时是合理的。

6.9.3　概率可靠度理论与非概率可靠度理论的对比分析

通过实例分析,当搅拌桩处理路基时,概率可靠度指标值为 2.56,失效概率为 0.005,判定边坡是失稳的,而非概率可靠度指标值为 2.4,可以判定边坡是稳定的;当碎石桩处理路基时,此时的概率可靠度指标是 2.7,失效概率是 0.003,判定边坡是失稳的,而非概率可靠度指标值为 3.78,可以判定边坡是稳定的;当旋喷桩处理路基时,此时的概率可靠度指标是 4.94,失效概率是 3.9×10^{-7},非概率可靠度指标值为 1.23,都可以判定边坡是稳定的;当冲击碾压处理路基时,此时的概率可靠度指标是1.75,失效概率是0.04,判定边坡是失稳的,而非概率可靠度指标值为1.95,可以判定边坡是稳定的;当抛石挤淤处理路基时,通过数值计算的安全系数值是3,此时的概率可靠度指标是4.52,失效概率是3.1×10^{-6},非概率可靠度指标值为2.29,都可以判定边坡是稳定的;当塑料排水板处理路基时,此时的概率可靠度指标是1.43,失效概率是0.08,判定边坡是失稳的,而非概率可靠度指标值为1.24,可以判定边坡是稳定的。

6.10 本章小结

基于强度折减的有限元边坡稳定分析方法与传统极限平衡分析方法相比具有很多优点,不仅可以得到传统分析方法的结果安全系数、可能滑动面,还能得到应力、应变和位移等特征变量,可以为边坡稳定性分析提供更多的参考数据。

1.借助ABAQUS非线性有限元软件,应用强度折减法对公路边坡土体进行模拟,在平面应变的情况下采用Mohr-Coulomb屈服准则的土质圆弧滑坡进行稳定性仿真模拟,同时分别利用强度折减法存在三种判据:①求解过程中计算的不收敛;②塑性区的贯通情况;③特征节点位移突变法。对边坡分别求出安全系数,同时还分析了土体强度在折减下的塑性应变与位移的变化关系,提出根据塑性应变或位移的突变(陡增)判断土质滑坡稳定性失效的方法。同时通过对边坡剖面划分,应用软件对各个剖面上数据的提取与分析,提出根据各剖面上位移或塑性应变突变的方法确定滑动面的方法,克服了静力平衡法无法事先确定滑动面的缺点,可为工程设计提供一定的依据。

2.采用先进的可靠度理论与有限元强度折减法计算出中值安全系数进行耦合,考虑了土体的弹塑性本构关系和塑性应变对安全系数的影响,同时克服了极限平衡方法中将土条假设为刚体的缺点,并运用改良的二元体系指标对南堡互通区大碱被交路实例进行分析,发现考虑了塑性应变后土体的二元指标体系比传统二元指标体系降低约10%,说明改良后的二元指标体系计算结果较小,还找出了安全系数大于1产生滑坡的原因,是由于土体参数的变异性,说明这种方法可以更好地为边坡的工程治理和风险评价服务。

3.讨论了不同的屈服准则,弹性模量、泊松比、剪胀角以及网格的疏密程度对安全系数的影响。发现不同的屈服准则对安全系数影响较大,而弹性模量、泊松比、剪胀角以及网格的疏密程度对安全系数的影响可以忽略。

4.通过实际工程边坡稳定性分析,可以确定强度折减有限元稳定分析方法不仅对于简单的均质边坡,而且对非均质岩土边坡也适用,对于复杂的岩土边坡同样具有较好的适用性。

由于实际问题的复杂性,本章对强度折减有限元稳定分析方法失稳判别标准的研究是浅显的,要使该方法的应用更广泛,适用范围更广,还有以下需进一步开展的工作:

(1)实际边坡工程的地质条件、构成材料往往复杂多样,另外以下荷载条件也不是单一荷载。本章的大部分分析都是针对均质或单一受载条件的边坡,所以需要对复杂荷载条件下的边坡进行分析,更全面地总结该方法的适用性。

(2)本章的稳定性分析均是静力的,而实际工程的稳定性分析,往往涉及动力稳定问题,此时该方法的所有理论及判别标准是否适用还需要在做更多的分析研究。

(3)对稳定性计算与模拟没有考虑渗流的影响。

第7章 结论与展望

7.1 研究结论

非概率可靠性方法近年来一直是工程研究的一个重要课题。近年来,国内外的研究工作主要是围绕非概率可靠度指标的确定方法与评价准则展开的。由于路基土的不均匀性、内部结构的随机性以及测试取样点的空间变异性,使得路基土的力学性能参数的测定值具有很大的离散性,而且受各种条件限制,对同一土层能取得的样本数又极其有限,在这种情况下,将测得的数据求取均值,并将该均值作为标准值直接提供给设计人员作参考数据存在较大的风险,研究认为传统均值代表真值的可信度不仅不尽如人意,同时还有50%的危险性,即传统均值大于真值有50%的可能性,所以传统的概率可靠性分析方法不再适用。通过将非概率可靠性应用于高等级公路土工结构物的研究得出以下结论:

(1)针对路基设计参数的特点,基于盲数测度理论提出基于区间分析方法的结构体系非概率可靠度分析中合理参数区间的确定方法。

(2)应用盲数测度理论对唐曹高速全路段的路基力学性能指标参数进行分析,计算出基于盲数测度理论确定的参数代表值区间,并与《岩土工程勘察规范》(GB 50021-2001(2009年版))中规定的参数确定方法相比较,验证了其合理性。

(3)针对路基沉降可靠性的特点,提出计算非概率可靠性指标的计算方法,包括只含两个变量的线性功能函数、多变量的线性功能函数、非线性功能函数、相关变量函数和一些其他的计算方法。其基本思想是将结构或构建性能的波动范围与要求的变化范围相比较,以确定其安全可靠程度。

(4)应用基于区间分析可靠度模型对软土路基沉降进行可靠度分析,与实际工程相结合,验证了非概率可靠性模型在路基沉降可靠度分析中的可行性,并通过参数变化的对比分析,确定了沉降可靠性指标对不同参数的敏感性。

(5)在平面应变的情况下采用Mohr-Coulomb屈服准则的土质圆弧滑坡进行稳定性仿真模拟,利用强度折减法存在三种判据:①求解过程中计算的不收敛;②塑性区的贯通情况;③特征节点位移突变法。对边坡分别求出安全系数,同时分析了土体强度在折减下的塑性应变与位移的变化关系,提出根据塑性应变或位移的突变(陡增)判断土质滑坡稳定性失效的方法。

(6)将可靠度理论与有限元强度折减法计算出中值安全系数进行耦合,考虑了土体的弹塑性本构关系和塑性应变对安全系数的影响,由于非概率可靠性理论不需要考虑概率分布函数或隶属函数而概率可靠性理论需考虑,因此对数据数量要求比较低,在没有足够的数据信息和主观分布假设时,也能得到比较精确的结果。

(7)对不同的屈服准则,弹性模量、泊松比、剪胀角以及网格的疏密程度对安全系数的影响。发现不同的屈服准则对安全系数影响较大,而弹性模量、泊松比、剪胀角以及网格的疏密程度对安全系数的影响可以忽略。

7.2 展　　望

在这 20 年的发展过程中,非概率可靠性理论被越来越多的人接受,因为这一理论具有其他理论所不具备的优势和适用性。

(1)非概率理论是建立在变量的区间值基础上的,这种区间值的合理性必然要影响到非概率可靠性理论对问题分析的合理性。区间范围大小不同,得出的非概率可靠性指标值也是不同的,因而在使用过程中不得不对变量区间进行优化。所以,在今后的科学研究中必然要对区间变量的取值进行优化。

(2)由于基于区间分析的非概率可靠度计算的过程,实质就是一个区间运算的过程,而通过区间运算可能会引起区间扩张,从而导致最终所得的非概率可靠度指标可信度降低。目前,在解决区间扩张问题中,虽然已有专家学者进行了一定的研究,并取得了相应成果,但是将这些方法应用于实际工程还有一定的难度。因此在实际工程中如何更好地解决区间扩张问题还需要进一步研究探讨。

参考文献

[1] 刘全.高速公路软土路基沉降预测方法研究[D].南京:河海大学,2004.

[2] 王丙兴.高速公路软土路基应力、变形特性研究[D].天津:河北工业大学,2005.

[3] 李明飞.高速公路软土路基变形规律研究[D].西安:西安科技大学,2006.

[4] 田艳芳,师义民,李凤.基于模糊理论的结构可靠性分析[J].模糊系统与数学,2008,22(1):163-167.

[5] 王光远,陈树勋.工程结构系统软设计理论及应用[M].北京:国防工业出版社,1996.

[6] ElishakoffI. Essay on uncertainties in elastie and viseoelastic structures reudenthal ' s criticisms to modern convex modeling[J].Computers & Structures,1995,56(6):871-895.

[7] 吕震宙,冯蕴雯.结构可靠性问题研究的若干进展[J].力学进展,2000,30(1):21-28.

[8] 郭书祥,冯元生,吕震宙.随机有限元方法和结构可靠性[J].力学进展,2000,30(3):343-350.

[9] Furuta H. Fuzzy logic and its contribution to reliability analysis[J].In:Rackwitz R, Angusti G, Borri A (eds.) Reliability and Optimization of Structural Systems, Chapman & Hall, London,1995:61-76.

[10] Cai K Y, Wen CY, Zhang M L.Fuzzy variables as abasis for a theory off fuzzy reliability in the possibility context[J].Fuzzy Sets and Systems,1991,42(2):145-172.

[11] Cremona C, Gao Y.The possibilistic reliability theory:theoretical aspects and applications [J].Structural Safety,1997,19(2):173-201.

[12] 龚文惠,王汉元,郑俊杰.基于模糊理论的膨胀土路基沉降的可靠度分析[J].华中科技大学学报:自然科学版,2008,36(3):51-53.

[13] 许江,李克钢.模糊理论在公路边坡稳定性分析中的应用[J].中国地质灾害与防治学报,2006,18 (2):61-64.

[14] 干强,任凤玉,王孝存.灰色理论 Verhulst 模型用于滑坡预测的研究[J].矿业研究与开发,2002,22(4):11-13.

[15] 君君,王星华.基于灰色理论桥梁群桩基础工后沉降的预测[J].路基工程,2002,2:142-144.

[16] 卢丹玫.基于灰色理论的神经网络方法在防洪堤边坡稳定性分析中的应用[D].广西大学,2004.

[17] 王永刚,任伟中,陈浩,等.一次二阶矩法及其在边坡可靠性分析中的应用[J].中外公路,2006,26 (2):42-46.

[18] 谭忠盛,王梦恕.结构可靠度分析的一次二阶矩方法与二次二阶矩方法[J].西北水力发电,2005,21(3):21-22.

[19] 陈凯,温淑莲,刘友春.利用改进一次二阶矩法计算边坡稳定可靠指标[J].徐州建筑职

业技术学院学报,2006,6(2):28-31.
[20] 赵德文,王春雷,王华.蒙特卡洛法网络模拟及其在岩体边坡稳定分析中的应用[J].四川建筑,2004,24(1):28-31.
[21] 周泉宇,杨仕教,罗辉.谈公路边坡稳定性可靠度的蒙特卡罗计算方法[J].山西建筑,2009,35(3):14-15.
[22] 张明星,李言新,雷美清.基于 Monte-Carlo 法的软土路基工后沉降可靠性分析[J].土工基础,2009,23(4):55-58.
[23] 徐仲济.蒙特卡罗法[M].上海:上海科学技术出版社,1985.
[24] Shinozuka M. Basic analysis of structural safely[J].Journal of the Structural Division, ASCE,1973,109(3).
[25] 沈凤生,吴世伟.求解结构可靠度的蒙特卡罗法及其改进[A].结构安全度与可靠度分析论文集,南京:河海大学出版社.
[26] 韩飞.基于蒙特卡洛法的黄岩高速公路边坡稳定性分析[J].重庆科技学院学报:自然科学版,2008,10(6):135-141.
[27] 傅旭东,赵善锐.用蒙特卡洛法计算岩土工程的可靠度指标[J].西安交通大学学报,1996,31(2):27-28.
[28] 黄靓,易伟建,汪优.岩土工程可靠度分析的改进响应面法研究[J].岩土力学,2008(2):370-374.
[29] 范武强.基于响应面法的混凝土重力坝可靠度分析[D].大连:大连理工大学,2007.
[30] Faravelli.A response-surface approach for reliability analysis[J].Eng. Mech,ASCE,1989,115(12):2763-2781.
[31] Bucher G, Bourgund U. A fast and efficient response surface approach for structural reliability problems[J].Struct. Safety,1990,7(1):57-66.
[32] 永华,赵明华,蒋德松,等.响应面方法在边坡稳定可靠度分析中的应用[J].岩土力学与工程学报,2006,25(7):1417-1424.
[33] Ben - Haim Y. A non - probabilistic measure of reliability of linear systems based on expansion of convex models[J].Structural Safety,1995,17(2):91-109.
[34] 郭书祥.非随机不确定结构的可靠性方法和优化设计研究[D].西北工业大学,2002.
[35] Rao S S,Berke L.Analysis of uncertain structural systems using interval analysis[J].AIAA,1997,35(4):727-735.
[36] Qiu Zhiping,Chen Suhuan,Elishakoff I.Non-probabilistic eigenvalue problem for structures with uncertain parameters via interval analysis[J].Chaos, Solitons and Fractals, 1996, 7(3): 303-308.
[37] Muhanna R L, Mullen R L.Uncertainty in mechanics problems-interval-based approach[J]. Journal of Engineering Mechanics,2001,127(6):557-566.
[38] 王光远.未确知信息及其数学处理[J].哈尔滨建筑工程学院学报,1990(4).
[39] 刘开第,吴和琴,庞彦军,等.不确定性信息数学处理及应用[M].北京:科学出版社,1999.

[40] 刘开第,吴和琴,庞彦军,等.盲数可信度的概念及 BM 模型[J].运筹与管理,1998,7(4):43-50.

[41] 王志亮.软基路堤沉降预测和计算[D].南京:河海大学,2004.

[42] Savoia M.Structural reliability analysis through fuzzy number approach with application to stability[J].Computers and Structures,2002,80:1087-1102.

[43] Landley R S.Unified approach to probabilistic and possibilistic analysis of uncertain systems [J].Journal of Mechanical Design,2000,126(11):1163-1172.

[44] Rao S S, Berke L. Analysis of uncertain structural systems using interval analysis. AIAA, 1997,35(4):727-735.

[45] Qiu Zhiping, Chen Suhuan, Elishakoff I. Non-probabilistic eigenvalue problem for structures with uncertain parameters via interval analysis[J]. Chaos, Solitons and Fractals, 1996, 7 (3):303-308.

[46] Muhanna R L, Mullen R L. Uncertainty in mechanics problems-interval-based approach [J]. Journal of Engineering Mechanics,2001,127(6):557-566.

[47] Ben-Haim Y, Elishakoff I. Convex models of uncertainty in applied mechanics[M]. Amsterdam: Elsevier,1990.

[48] Ben-Haim Y. A non-probabilistic concept of reliability[J].Structural Safety,1994,14(4):227-245.

[49] Rao S S, Sawyer J P. Fuzzy finite element approach for the analysis of imprecisely defined systems[J].AIAA,1995,33(12):2364-2370.

[50] Huang Hong-Zhong, Tong Xin, Zuo Ming J. Posbist fault tree analysis of coherent systems [J]. Reliability Engineering and System Safety,2004,84(2):141-148.

[51] 李永华,黄洪钟,孙占全,等.可靠性研究的新理论与方法[J].可靠性工程进展(2002 年全国可靠性学术交流会论文集),2002:214-217.

[52] Qiu Z P, Chen S H, Elishakoff I. Nahiral frequencies of stmctures with uncertain but nonrandom parameters[J].Journal of Optimization Theory and Applications,1995,86(3):669-683.

[53] William S M. Anti-optimization of uncertain stnictures using interval analysis[J]. Computers and Strucriires,2011,79:421-430.

[54] Elishakoff I, Haftka R T, Fang J. Structural design under bounded uncertainty optimization with anti-optimization[J].Computers and Structures,1994,53(6):1401-1405.

[55] Lombardi M. Optimization of uncertain structures using non-probabilistic models[J]. Computers and Structures,1998,67(1/3):99-103.

[56] Lombardi M, Haftka R T. Anti-optimization technique for structural design under load uncertainties[J].Computer Methods in Applied Mechanics and Engineering,1998,157:19-31.

[57] Canzerli S, Pantelides C P. Load and resistance convex models for optimum design[J]. Structural Optimization,1999,17(2):259-268.

[58] Ganzerli S, Pantelides P C. Optimum structural design via convex model superposition[J]. Computers and Structures,2000,74(6):639-647.

[59] Pantelides C P,Canzerli S.Design of trusses under uncertain loads using convex models[J]. Journal of Structural Engineering,1998,124(3):318-329.

[60] Elishakoff I,Cai G Q,Staines J H.Non-linear bucking of a column with initial imperfection viastochastic and non-stochastic convex models[J].International Journal of Nan-linear Mechanics,1994,29(1):71-82.

[61] 孙海龙,姚卫星.概率体系和非概率体系下结构与案件的可靠性分析方法回顾[J].机械科学与技术,1003-8728(2007)02-0140-07.

[62] Lu Y B,Qiao Z,WangG Y.Fuzzy random reliability of struc-tures based on fuzzy random variables[J].Fuzzy Sets and Systems,1997,86:245-255.

[63] 冯世琪,廖林清,贾秋红,等.基于凸集模型的非概率稳健可靠性理论的研究[J].重庆工学院汽车学院,2005.

[64] FTK Au,YS Cheng,LG Tham,et al.Robust design of structures using convex models[J]. Computers & Structures,2003,81(28-29):2611-2619.

[65] ZP Qiu,PC Muller,A Frommer.The new non-probabilistic criterion of failure for dynamical systems based on convex models[J].Mathematical and Computer Modeling,2004,40(1-2):201-215.

[66] CP Pantelides,Ara Ganzerli.Comparison of fuzzy set and convex model theories in structural design[J].Mechanical systems and Signal Processing,2001,15(3):499-511.

[67] L Fryba,N Yoshikawa.Bounds analysis of a beam based on the convex model of uncertain foundation[J].Journal of Sound and Vibration,1998,212(3):436-446.

[68] SR Tzan,CP Pantelides.Convex mdoels for impulsive response of structures[J].J Eng Mech,1996,122(6):521-529.

[69] ZP Qiu.Convex models and interval analysis method to predict the effect of uncertain-but-bounded parameters on the buckling of composite structures[J].Comput Methods Appl Mech Eng,2005,194(18-20):2175-2179.

[70] CY He,JH Zhang.Convex-model analysis of the seismic response[J].Appl. Math Mech, 1997,18 (10):941-947.

[71] Y Ben-Haim,G Chen,TT Soong.Maximum structural response using convex models[J].J Eng Mech,1996,122(4):325-333.

[72] Y Ben-Haim.Convex models of uncertainty: applications and implications [J].Erkenntnis, 1994,41(2):139-156.

[73] Elishakoff I,Elisseefff P,SAL Glegg.Non-probabilistic,convex theoretical modeling of scattering material properties[J].AIAA Journal,1994,32(4):843-849.

[74] ZP Qiu,XJ Wang.Comparison of dynamic response of structures with uncertain-but-bounded parameters using non-probabilistic interval analysis method and probabilistic approach[J]. Int J Solid Struct,2003,40(20):5423-5439.

[75] Elishakoff,P Colombi.Combination of probabilistic and convex models of uncertainty when scare knowledge is present on acoustic excitation parameters[J].Comput Meth Appl.Mech

Eng,1993,104:187-209.
[76] 孙金辉.基于响应面及优化理论的集合有限元法及其应用[D].武汉:武汉大学,2005.
[77] 庄茁.有限元软件 ABAQUS 6.4 版入门指南[M].北京:清华大学出版社,2004.
[78] 赵雁,姬海君,安晓宁,等.用 ABAQUS 对光滑试件的蠕变与应力松弛进行的数值模拟[J].武警工程学院学报,2001.
[79] 任艳荣,刘玉标,顾小芸.利用 ABAQUS 软件分析砂质海底管道稳定性[J].中国海洋平台,2001.
[80] 李跃宇,刘树春,汪冰,等.用 ABAQUS 进行弹塑性问题的分析[J].淮海工学院学报,2004.
[81] 罗彦锋.塑料排水板法处理软土地基分析研究[D].长春:吉林大学,2005.
[82] 李豪.真空—堆载联合预压加固软基机理及简化计算方法研究[D].南京:河海大学,2003.
[83] 王继果.动力排水固结法理论分析与工程应用研究[D].南京:南京工业大学,2005.
[84] 陈超.强夯加固回填土地基的三维数值分析[D].杭州:浙江大学,2006.